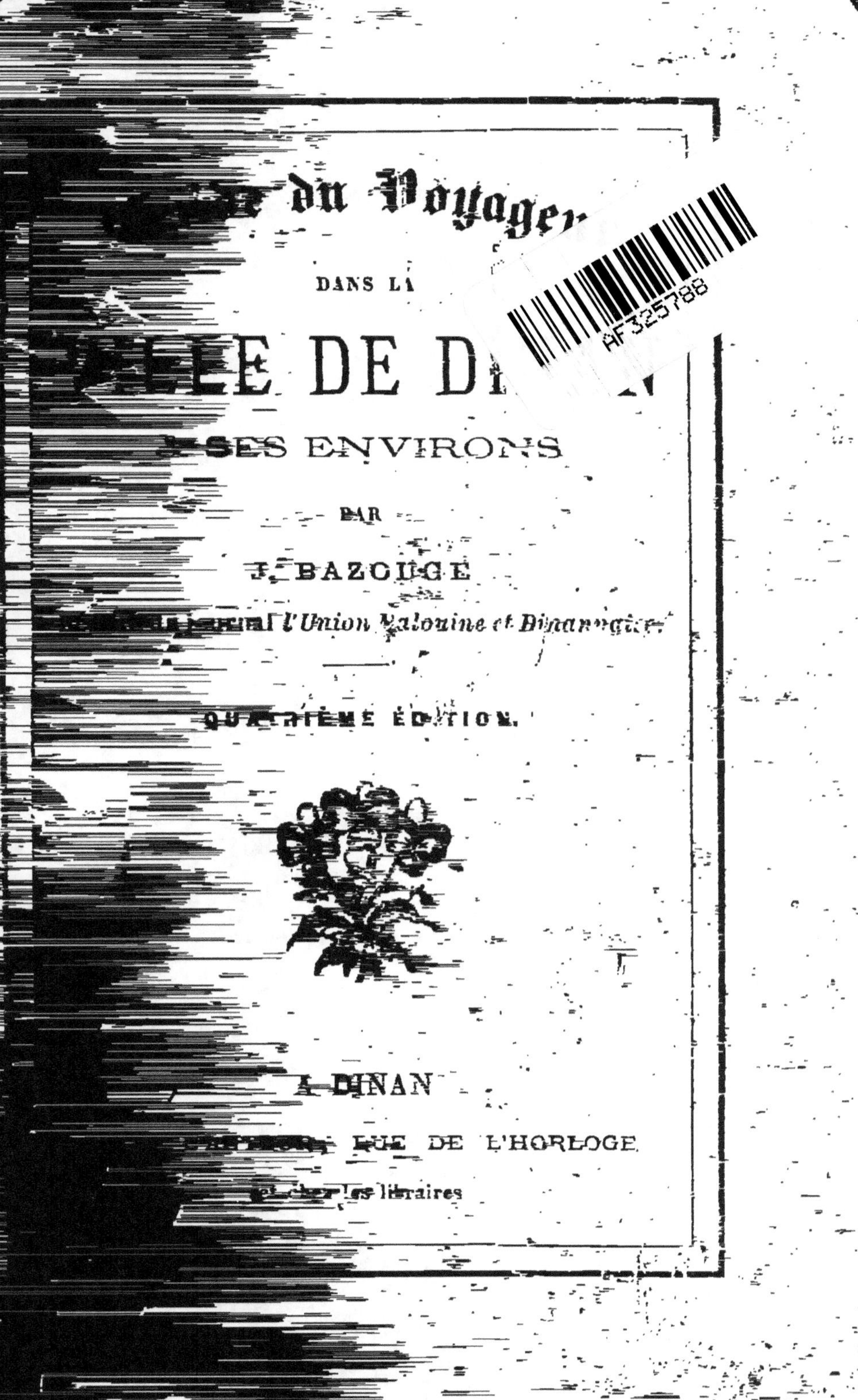

Guide du Voyageur

DANS LA

VILLE DE DINAN

& SES ENVIRONS

PAR

J. BAZOUGE

... l'Union Malouine et Dinannaise.

QUATRIÈME ÉDITION.

A DINAN

RUE DE L'HORLOGE

et chez les libraires

GUIDE DU VOYAGEUR

DANS

LA VILLE DE DINAN.

Guide du Voyageur

DANS LA

VILLE DE DINAN

& SES ENVIRONS

PAR

J. BAZOUGE

Rédact^r du journal *l'Union Malouine et Dinannaise.*

QUATRIÈME ÉDITION.

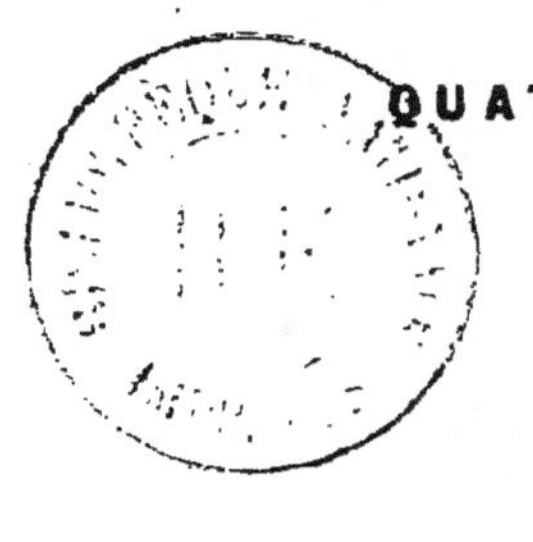

A DINAN

CHEZ L'AUTEUR, RUE DE L'HORLOGE

et chez les libraires

Ce petit livre s'adresse à vous, voyageurs-artistes, hommes de loisirs, heureux touristes, qui venez demander au vieux sol armoricain la paix de ses vergers, le murmure du flot sur ses grèves, l'oxygène pur de ses hautes cimes ; — à vous, jeunes étrangères, désireuses de fouler les gazons en fleurs de nos tranquilles vallées, à l'ombre des marronniers et des tilleuls reverdis ; — à vous, âmes rêveuses qu'émeuvent les beautés de la grande nature ; — à vous, enfin, nos concitoyens, absents ou présents.

Nous vous offrons en passant ces rapides *impressions de voyages* dans l'antique cité des Rolland, de Du Guesclin, de Mercœur, de Duclos ; ces *souvenirs* de nos excursions dans les campagnes charmantes qui l'enlacent aux beaux jours d'une poétique ceinture de bluets, de myosotis, de ravenelle, de chèvre-feuille, de lilas et de roses.

D'autres vous donneront avec détails la nomenclature des maîtres de cette contrée dans les siècles écoulés ; ils vous diront ses vicissitudes. Nous ne ferons, nous, que les indiquer brièvement, nous attachant de préférence à la physionomie générale actuelle de ce joli coin de la terre bretonne, aux caractères particuliers du paysage, sans oublier cependant les renseignements qui doivent nécessairement trouver place dans un ouvrage de ce genre.

Cela dit, nous abandonnons avec confiance cette quatrième édition du *Guide du Voyageur à Dinan* au flot de la publicité. Puisse-t-elle, favorablement accueillie, comme les précédentes, faire connaître de plus en plus les beautés de notre cher pays !   J. B.

GUIDE DU VOYAGEUR

Ville de Dinan

ET SES ENVIRONS.

VUE GÉNÉRALE.

Soit que le paquebot rapide l'amène par les eaux de la Rance, soit que le chemin de fer le confie à ses omnibus, au modeste cabriolet, ou au vieux véhicule des messageries bretonnes, le voyageur, en arrivant à Dinan, est soudain captivé par un panorama charmant.

Sur une colline élevée de soixante à quatre-vingts mètres au-dessus du niveau de la mer, il voit se dresser les clochers bleus de l'antique cité, forte et vaillante autrefois, ceinte de remparts formidables, sur le couronnement desquels un carrosse à quatre roues pouvait circuler à l'aise, — humble ouvrière aujourd'hui, tissant le lin, tressant l'osier, moins altière, mais gracieuse toujours, — au milieu d'un paysage décoré de maisons blanches, de bouquets d'arbres touffus, de tours en ruines, de jardins en fleurs, de rochers gris pendants sur les nappes vertes des vallées profondes peuplées de pâtres et d'oiseaux chanteurs ; ensemble ravissant qui rappelle les sites les plus favorisés de la Suisse.

En bas, les navires s'alignent dans le port, nouvellement élargi, mais trop étroit encore ; les douaniers veillent ; les mariniers s'agitent sur les chalands chargés de grains, de pommes, de vins, d'engrais qu'ils conduisent patiemment jusqu'à Rennes, par le canal d'Ille-et-Rance, en se faisant ouvrir les portes de plus de soixante écluses. Dans les saillies rocheuses qui bordent le rivage, la pioche du carrier, le fer du mineur, le marteau du tailleur de pierres résonnent sur le solide granit dont quelque ingénieur habile fera plus tard un monument pareil à ce superbe viaduc immobile là-bas, et dont nous parlerons bientôt, trait-d'union colossal hardiment jeté, en 1852, sur la double vallée entre la ville de Dinan et le bourg moderne de *Lanvallay.*

Plus loin, vers *Léhon*, les coteaux boisés, les prairies frangées de peupliers, de frênes, étalent les enchantements d'une plantureuse végétation, et tandis que la cascade bouillonne au pied du *Mont-Parnasse*, tandis que la fumée de l'usine industrieuse de *la Ville-aux-Oliviers* monte et se perd dans l'espace, le laboureur retourne les guérets, sème ou moissonne le blé-noir, le froment nourricier, qui, portés le jeudi au marché fréquenté par les habitants des communes voisines, donneront l'aisance à la ferme, la joie à la famille laborieuse.

Dinan est, après Saint-Brieuc, la ville la plus importante du département des Côtes-du-Nord ; sa population, y compris les *résidents* étrangers, la plupart anglais, est de 8,000 à 9,000 individus : c'est l'un des plus agréables chefs-lieux de sous-préfectures de la Bretagne, et, sans contredit, le plus curieux à visiter.

La température en est douce et salubre : on n'y ressent généralement ni les dangereuses ardeurs du Midi, ni les haleines glaciales du Nord, adoucies, d'ailleurs, dans cette heureuse contrée, par d'abondantes plantations forestières qui l'abritent comme un immense paravent de chênes, de châtaigniers, de bouleaux, d'ormes et de peupliers.

L'arrondissement de Dinan, d'après les dernières données cadastrales, occupe une étendue de 140 à 150,000 hectares, sur lesquels on compte encore plus de 20,000 hectares en landes ; 35,000 en blé, seigle, avoine, orge ; 17,000 en blé-noir ; 11,000 en taillis et futaies ; 11,000 en pâturage ; 9,000 en jachères ; 9,000 en terrains couverts de pommiers et fossés. Le reste est occupé par diverses plantes utiles, telles que : lin, chanvre, colza, trèfle, légumes, ajoncs, etc.

Il a pour limites : au Nord, la Manche ; à l'Est, les arrondissements de Saint-Malo et de Montfort (Ille-et-Vilaine) ; au Sud, les arrondissements de Montfort et de Loudéac ; à l'Ouest, ceux de Loudéac et de Saint-Brieuc.

Sa population est de 115 à 120,000 habitants.

Il est formé de quatre-vingt-douze communes, réparties en dix cantons, et dont voici les noms :

Le canton de *Dinan* (*Est*) comprend sept communes : Dinan, Pleudihen, Saint-Hélen, Lanvallay, Tressaint, Léhon, Saint-Solain.

Celui de *Dinan* (*Ouest*), douze : Dinan, Plouër, Saint-Samson, Taden, Calorguen, Saint-Carné, Trévron, Le Hinglé, Bobital, Brusvily, Aucaleuc, Quévert.

Celui de *Broons*, neuf : Broons, Eréac, Lanrelas, Mégrit, Rouillac, Sévignac, Trédias, Trémeur, Yvignac.

Celui d'*Evran*, sept : Evran, Le Quiou, Plouasne, Saint-André-des-Eaux, Saint-Judoce, Saint-Juvat, Tréfumel.

Celui de *Jugon*, neuf : Jugon, Dolo, Lescouët, Plédéliac, Plénée-Jugon, Plestan, Saint-Igneuc et Tramain.

Celui de *Matignon*, douze : Matignon, Hénansal, Hénan-Bihen, La Bouillie, Notre-Dame-du-Guildo, Pléboulle, Pléhérel, Plévenon, Ruca, Saint-Cast, Saint-Denoual et Saint-Pôtan.

Celui de *Plancoët*, onze : Bourseul, Corseul, Créhen, Landébia, Languenan, Plessix-Balisson, Pléven, Pluduno, Quintenic et Saint-Lormel.

Celui de *Plélan-le-Petit*, neuf : Plélan-le-Petit, La Landec, Languédias, Plorec, Saint-Maudez, Saint-Méloir-des-Bois, Saint-Michel de-Plélan, Trébédan, Vildé-Guingalan.

Celui de *Ploubalay*, huit : Ploubalay, Lancieux, Langrolay, Pleslin, Saint-Jacut-de-la-Mer, Trégon, Tréméreuc et Trigavou.

Celui de *Saint-Jouan-de-l'Isle*, huit : Saint-Jouan, Caulnes, Guenroc, Guitté, La Chapelle-Blanche, Plumaugat, Plumaudan, Saint-Maden.

Dinan compte deux branches principales d'industrie : les toiles et les cuirs ; on y exploite aussi plusieurs carrières de granit, d'ardoises, de sablon calcaire ; on y trouve des fours à chaux et à plâtre, des fabriques de poterie, de tuyaux pour le drainage ; de beaux établissements d'horticulture.

Il s'y fait un commerce considérable en grains, graines, chanvres, bestiaux, etc.

ORIGINE DE DINAN.

Quelle fut l'origine de cette agglomération ?

Les plus intrépides antiquaires la font remonter à une époque antérieure de 500 ans à la venue du Christ ; ils prétendent que son nom primitif fut *Dionacum* ou *Diœnacum*, mais cette prétention, dit Habasque dans ses *Notions Historiques*, n'est appuyée sur aucun fait qui semble mériter confiance.

Ogée est du même avis : « L'époque de la fondation de Dinan nous est inconnue, écrit-il modestement ; les savants ne s'accordent pas sur ce point, quoiqu'ils conviennent tous que c'est une des plus anciennes cités de Bretagne. »

Duchêne, dans ses *Recherches*, note, d'après divers auteurs, qu'un peuple grossier et sauvage, vêtu de peaux d'animaux, et vivant des fruits de certains arbres dont il ne dit pas le nom, bâtit, environ 500 ans avant l'ère chrétienne, ou l'an 253 de la fondation de Rome, une ville au milieu de la forêt de *Faigne ;* que cette ville fut détruite par les Flamands et autres peuples, lesquels égorgèrent une partie de ses habitants. Ceux qui échappèrent au carnage, ajoute-t-il, bâtirent une autre cité sur les ruines de la première, lui donnèrent le nom de *Diane*, déesse des forêts, et ce serait celle que nous connaissons aujourd'hui sous le nom de *Dinan*.

Ce récit, qui n'est appuyé d'aucune preuve, nous paraît de pure imagination, et la raison ne veut pas qu'on s'y arrête.

D'autres, se fondant sur des données plus plausibles, ont cru que Dinan pouvait bien être le *Nudionum* ou *Noiodunum* de la table de Pneutinger, et la capitale des *Diablintes*.

Sans énoncer cette opinion comme une vérité incontestable, il est très probable, pensons-nous, que si Dinan n'était pas la capitale des *Diablintes* ou *Diaulites* de César, c'était au moins une de leurs cités, puisqu'elle est placée dans le canton occupé par ce peuple.

D'après certains auteurs, cette ville était jadis située dans un lieu aujourd'hui nommé *le Saint-Esprit*, un peu au-dessus des fourches patibulaires qui désignaient la justice royale, à un fort quart de lieue de la ville.

Cette présomption n'est appuyée d'aucun titre, et, pour la détruire, il suffirait de remarquer que, depuis plus de cinq siècles, la ville de Dinan existe certainement où elle est. On ne voit au lieu du Saint-Esprit que les vestiges d'un ancien village, et un très petit nombre de maisons. Rien, là, du reste, n'annonce les ruines d'une ville quelconque, de la translation de laquelle l'histoire nous aurait apparemment instruit.

Dans son livre *les Côtes-du-Nord*, M. Benjamin Jolivet émet une opinion toute nouvelle.

« D'après une tradition ignorée de nos devanciers, dit-il, saint Dinan fonda sur la Rance *une chrétienté qui prit son nom*. Les annales des Bénédictins viennent confirmer cette tradition ; car il y est fait mention d'une *chapelle de Sainte-Catherine, près de Saint-Dinan, au diocèse de Saint-Malo*. Or, avant la Révolution, Dinan faisait partie du diocèse de Saint-Malo. D'un autre côté, l'existence de saint Dinan n'est pas contestable: c'était un moine fort instruit et d'une grande piété, que le Pape Eleuthère sacra évêque, qu'il fit légat d'Angleterre, et qu'il envoya à la cour de Lucius, en compagnie de saint Fugot. Ces deux saints personnages, après dix années de travaux dans l'île d'Albion, retournèrent à Rome pour rendre compte de leur mission au souverain pontife, qui leur donna des auxiliaires et les renvoya en Angleterre. Il est évident qu'ils passèrent en Armorique, et le lieu où ils s'embarquèrent fut probablement le port d'Aleth, aujourd'hui Saint-Servan. (*V.* Ussérius, *Antiquité des Eglises de Bretagne*, et le Martyrologe romain, au 7 des calendes de juin.)

« Ainsi, selon nous, Dinan doit son origine et son nom à saint Dinan. »

Enfin, plusieurs auteurs croient que Dinan fut l'une des principales stations des Gaulois avant l'invasion romaine.

Que le lecteur choisisse, au milieu de ces diverses opinions. Ce n'est pas ici le lieu de les discuter.

Hâtons-nous d'arriver au viaduc, dont l'extrait de naissance est beaucoup plus facile à constater.

Le Viaduc, sur la Rance.

La première pierre du Viaduc de Dinan fut posée le jeudi 3 septembre 1846. — Le gouvernement fit frapper à cette occasion une belle médaille commémorative dont quelques exemplaires doivent exister encore au musée de la ville. Les blocs de pierre destinés aux fondements furent tirés des carrières des Buttes, du Pont-Erem et de la Foresterie, en cet arrondissement.

Ce pont monumental a 288 mètres environ de longueur : — la voie, 5 mètres de largeur, non compris les trottoirs qui la bordent ; — l'élévation totale de ce travail, entre le chemin de hallage et la chaussée, est d'environ 40 mètres. — Les arches, en plein cintre, au nombre de dix, ont 16 mètres d'ouverture ; — 9 piles de 4 mètrés d'épaisseur, toutes garnies de contreforts, soutiennent ce magnifique ouvrage, aux bouts duquel se trouvent encore deux massives culées. Les piles principales descendent à 9 mètres à peu près au-dessous du chemin de hallage, et reposent sur un roc d'une solidité parfaite.

Une intelligence, un talent remarquables

ont présidé à la construction du viaduc de la Rance, dirigée par M. Fessard, ingénieur de l'arrondissement (depuis ingénieur en chef des chemins de fer de l'Ouest), sur les plans de M. Méquin, ingénieur du département.

Une somme de 700,000 francs avait été votée en 1845 par la chambre des députés pour faire face aux dépenses de l'œuvre ; mais elle fut bientôt reconnue insuffisante : — en définitive, le viaduc a coûté plus d'un million.

Lorsque, de cet observatoire de granit, l'œil du voyageur plonge, au Midi, sur les nappes verdoyantes de la prairie des Vaux, sur ces massifs de feuillages aux nuances variées qui couvrent les flancs des vallons ; lorsqu'il s'arrête, charmé, sur ces coquettes villas encadrées de guirlandes arborescentes montant de la base au sommet de la colline ; lorsqu'il voit la Rance serpentant, capricieuse, entre la route de Léhon et la file d'ormeaux qui frange l'autre rive ; lorsqu'il contemple cette campagne si pittoresque, si accidentée, il se croit transporté dans une de ces régions privilégiées

où règnent encore dans leur éclatante fraîcheur les beautés primitives de la terre.

De ce splendide paysage,
Qui nous retracera l'image ?...
Venez, bardes mélodieux,
De cette tribune de pierre,
Voir le ciel sourire à la terre,
Voir la terre sourire aux cieux !

Venez, amis, venez à l'heure
Où l'astre aux rayons d'or effleure
Des coteaux le voile incertain,
A l'heure où dans les champs s'éveille
L'oiseau chanteur, lorsque l'abeille
Porte à sa ruche un doux butin.

Là-bas la maisonnette blanche,
Humble, se cache sous la branche,
Comme l'oiseau qui fuit l'autan ;
Là des fleurs, des tapis de mousse,
L'agneau broutant l'herbe qui pousse,
Les pâtres dans le val chantant.

Ici le peuplier s'élance ;
Là c'est le hêtre qui balance
Sur les prés ses flottants rideaux ;
Plus loin c'est le roc séculaire
Qui, sous son vert manteau de lierre,
Se mire encore dans les eaux.

D'Uri, de Bâle ou de Lausanne,
N'est-ce point l'ombre diaphane
Que l'œil charmé retrouve ici ?...
Dans son vaste écrin, la nature
A-t-elle quelque autre parure
Plus riante que celle-ci ?...

A l'ouest de cet agreste tableau apparaissent les remparts de la ville de Du Guesclin, flanqués de tours massives, et la flèche élancée de l'église St-Sauveur.

A l'Est sont d'abruptes rochers, entre les crevasses desquels croissent la mousse et la fleur sauvage ; — plus loin, les hauteurs de *Lanvallay*, couronnées d'habitations aux toits ardoisés.

De l'autre côté du Viaduc se trouve le port : sur ses eaux paraît et disparaît, à chaque marée, un paquebot à vapeur, et c'est plaisir de voir, par un beau jour, la fumeuse machine de Papin et de Watt entraîner à toute vitesse Anglais et Français vers l'illustre cité de Duguay-Trouïn. — D'autres navires, caboteurs du commerce, chargés de vins, d'épiceries, de grains et graines, bordent le quai. — Des jardins découpés en carrés étroits fleurissent çà et là ; — une agglomération

de maisons grises entremêlées de constructions élégantes, de quelques usines et chan-
tiers se pressent autour de l'ancien pont.

Sur les deux rives du petit fleuve, au
loin, les beaux paysages renaissent, et
c'est de merveille en merveille que le
regard étonné se promène le long de ces
vallées encaissant la Rance jusqu'à Saint-
Malo.

INTÉRIEUR DE LA VILLE.

Pénétrons maintenant dans la ville.

Les jolies rampes qui d'ici conduisent à *la Promenade de la Duchesse-Anne*, en se déroulant sur les flancs du coteau, à travers les arbustes fleuris d'un jardin anglais, sont de date récente (1865) : c'est une des gracieuses créations dues au bon goût de M. H. Flaud, décédé maire de Dinan, le 13 août 1874.

Ce parterre montagneux, ainsi que vous pouvez le voir, n'est pas sans quelque analogie avec les décors du dernier acte de *Fra Diavolo*.

Nous pourrions, en gravissant ces pentes, arriver directement au cœur de la ville.

Mais il est une route plus facile. Si cela ne vous contrarie point, nous suivrons *la rue Michel*, ouverte à droite, en venant du Viaduc, près de la tour du *Petit-Rempart*, et aboutissant au quartier rajeuni de *la Haute-Voye*.

Nous y remarquerons, en passant, la villa de *Château-Ganne*, élevée sur le plateau jadis occupé par une antique citadelle des fiers vicomtes de Dinan, qui portait le même nom. Assise au milieu des rameaux et des fleurs, la splendide demeure semble elle-même un gigantesque bouquet dont le monticule pittoresque est le vase colossal, et dans lequel s'épanouissent en festons, en guirlandes, sur les riches colonnades, les roses et les lis : c'est le sourire de la paix et des arts industriels remplaçant ici, à six cents ans de distance, l'éclair de l'acier, le regard flamboyant des chevaliers bardés de fer et le cliquetis des rudes épées.

Des terrasses et jardins dépendants de cette propriété, le regard embrasse un des plus charmants paysages qui se puissent imaginer.

En continuant notre route, nous apercevons, tout près de la magnifique habitation que nous venons de quitter, un pan de mur drapé dans un manteau de lierre, à droite : c'est un prolongement de *la porte du Jerzual* qui, sous ce frais vêtement, dissimule sa caducité.

Nous passerons plus tard sous cette porte, et nous descendrons la rue étrange du même nom.

La tour du Bignon ou *de Kergolay*, voisine de la porte Saint-Malo, plane comme une ombre du passé sur le dernier plan.

Encore quelques pas, nous arriverons à *la rue de la Haute-Voye* ; puis, tournant à gauche, à la petite *rue du Cognet*. Nous voici devant

L'Eglise Saint-Sauveur.

L'Eglise Saint-Sauveur est l'un des monuments les plus imposants et les plus admirés de la ville de Dinan. Sa construction romano-byzantine paraît être antérieure au onzième siècle. Son portail occidental, composé de trois arcades à plein-cintre soutenues de colonnettes multiples, attire particulièrement l'attention de l'artiste et de l'archéologue. Les quatre évangélistes y figurent, portés sur des lions, mais presque méconnaissables, tant l'âge les a mutilés ; le lion et le bœuf ailé, attributs de saint Marc et de saint Luc, se détachent en relief sur la pierre nue. Une foule de sujets symboliques ou bizarres, créations de la fantaisie, démons grimaçants et velus, animaux fantastiques, monstres grands et petits, ornent les chapiteaux. Ailleurs, c'est l'Agneau portant la croix, le Pélican se donnant lui-même en nourriture à ses petits, symbole du dogme eucharistique.

L'ogive du quinzième et du seizième siècles, haute et flamboyante, couronne le portail antique d'élégants réseaux.

Le mur méridional de la nef est orné d'autres sculptures variées, étranges, œuvre du ciseau libre et capricieux de l'artiste au Moyen-Age.

Le chevet surtout est d'un merveilleux effet : c'est une forêt de tourelles enveloppant le sanctuaire de leur radieuse couronne. Sur les contreforts jaillit d'étage en étage une nouvelle végétation de colonnettes fuselées, cannelées, fleuronnées ; sur leurs cimes, des pinacles épanouis en corolles, en vases, en corbeilles.

Une galerie habilement travaillée, où la dentelle légère se marie au massif granit, guirlande le pourtour de ce chevet, au-dessus duquel s'élance, comme une prière permanente vers le Maître de toutes choses, le svelte clocher dont l'aiguille hardie se perd dans l'azur.

L'intérieur de l'Eglise offre moins d'intérêt au visiteur. Le bas-côté, qui devait s'ouvrir au Sud, est resté en projet, irrégularité d'un effet disgracieux.

Cependant, on s'arrête avec une certaine curiosité devant une conque en granit noir servant de bénitier, taillée dans un même bloc, dont l'ornementation grossière n'est pas sans quelque originalité.

Dans la chapelle Saint-Jean, on voit aussi une jolie crédence voûtée.

Dans les chapelles absidales, au Nord du temple, l'œil se repose agréablement sur un bouquet de petites flèches gothiques, de fleurs et de têtes d'anges ciselées avec une rare délicatesse.

Voici, dans le transept Nord, un cénotaphe de marbre devant lequel le voyageur s'incline avec une respectueuse émotion : c'est là que repose le cœur de Bertrand Du Guesclin, cœur vaillant qui ne cessa, jusqu'à son dernier jour, de battre pour la France. Le héros, à l'heure suprême, ayant exprimé le désir que ce précieux souvenir fût envoyé à Dinan et placé dans l'église des Jacobins, près de la dépouille mortelle de la belle Tiphaine, sa première épouse, il y fut apporté, en effet, et y demeura depuis l'année de sa mort (1380) jusqu'en 1810. La révolution de 1793 renversa l'autel des Jacobins (1) et profana les tombes ; mais le cœur du glorieux défunt fut épargné.

Plus tard (le 9 juillet 1810), on transféra les restes de cette cendre illustre dans l'Eglise Saint-Sauveur.

Sur le petit monument funéraire élevé par le patriotisme et la piété de nos pères au plus grand homme de guerre du quatorzième siècle, on lit cette inscription gothique :

> Cy : gist : le cueur : de
> missire : bertran : du gneaquī
> en : son vivāt : conetiable de
> frāce : qui : trespassa : le xiiiᵉ
> jour : de jullet : l'an : mil iiiᵉ
> iiiˣˣ.dont : son) : corps : repos
> avecques : ceux : des : Roys
> a sainct : denis en France :

Une messe funèbre à la mémoire du

(1) L'église des Jacobins s'élevait sur l'emplacement où se trouve aujourd'hui la salle de spectacles.

grand connétable est célébrée chaque année, le dimanche qui suit le 13 juillet, dans l'Eglise Saint-Sauveur. Cette messe, instituée à la prière et sur l'abandon d'une rente de 25 fr., fait par un ancien magistrat, M. Lecourt de La Villethassetz, continue la fondation créée par Du Guesclin lui-même.

L'Eglise Saint-Sauveur est classée au nombre des monuments historiques entretenus en partie par l'Etat. — Les familles du Chêne-Ferron, du Colombier, de la Paquenais, de Lanvallay, de la Fosse-aux-Loups, d'Yvignac, les doyens de Plumaudan y avaient leurs tombeaux.

Quelques parties de ce monument paraissent antérieures au onzième siècle ; mais l'ensemble ne remonte pas à une époque si reculée. On lit dans les archives de la fabrique :

« Les fondations de l'Eglise Saint-Sauveur ont été jetées en 1480 ; en 1509, Mgr Briçonnet, évêque de Saint-Malo, vint bénir les travaux, et, pour ce, il lui fut baillé deux pots de vin de Gascogne. Il fut baillé par les fabricqueurs, aux maczons de l'œupvre, deux moutons, une vachette, dix-huit pains, quatre-vingts potz de vin de Normandie et de Gascogne. Il fut aussi baillé par les fabricqueurs de ladite Eglise à M. de La Moussaie et à Mme Duchalonge-Tréver, à chacun une corbeille d'oranges, pour avoir prêté leurs tapisseries pour ladicte cérémonie. »

L'un des premiers architectes de Saint-Sauveur fut Guy Pinson. Il recevait pour salaire 6 sous par jour.

Rolland Bougnard, maître appareilleur, en touchait 3 seulement. La journée des manœuvres était payée à raison de 9 deniers ; celle des maçons, 3 sous ; celle des charpentiers, 3 sous 6 deniers ; celle des couvreurs, 3 sous. Le morceau de pierre de taille coûtait 12 deniers ; la pipe de chaux, 18 sous ; le mille de clous à lattes, 4 sous 6 deniers.

Cette Eglise, telle que nous la voyons aujourd'hui, fut livrée au culte en 1653. Les travaux durèrent donc environ cent soixante années.

Place Saint-Sauveur et Place de la Duchesse-Anne.

La place Saint-Sauveur, située devant l'entrée principale de l'église du même nom, est encadrée par des constructions particulières, d'aspects très divers : les unes, à plusieurs étages, convenablement bâties, ont pour vis-à-vis de chétives demeures, et, naguère encore, des porches délabrés du Moyen-Age y paraissaient, courbés sur leurs vieilles jambes, comme des centenaires aux forces épuisées.

Au milieu de cè carré, connu aussi sous le nom de *Carroi*, très fréquenté le jeudi et le dimanche par les marchands et les villageois, on voyait, il y a peu d'années, s'élever une croix de pierre. Le temps l'a renversée, et l'on n'a point songé à la relever. Il faut le regretter. Ce petit monument, dressé au milieu de la ville, était pour l'étranger comme un témoignage de l'antique foi de ses habitants.

Si vous le voulez bien, nous ne nous arrêterons pas plus longtemps sur cette place. Nous marcherons, à droite, vers *la rue Chauffe-Pieds*, à l'entrée de laquelle la cougrégation des frères-instituteurs *La Men-nais* possède un bel établissement où deux ou trois cents enfants viennent chaque jour chercher les éléments de l'instruction chrétienne.

De *la rue Chauffe-Pieds*, nous arriverons directement sur *la place de la Duchesse-Anne*, dite aussi *promenade Saint-Sauveur* et *Jardin Anglais*. C'était, il y a peu d'années, un cimetière abandonné ; le pied du passant s'y heurtait tristement aux débris des tombeaux.

Maintenant, grâce aux libéralités testamentaires d'un ancien et vénérable magistrat, M. Néel de La Vigne, c'est un joli parterre où s'épanouissent les lauriers-roses, le genêt d'Espagne et de Sibérie, les lilas de Perse et les chèvrefeuilles odorants.

Le buste en marbre blanc qui décore la place de la Duchesse-Anne est l'image à peu près fidèle du *Monthyon Dinannais*. Il fut élevé solennellement sur cette colonne de granit le mardi 8 septembre 1863. Il est dû au ciseau d'un sculpteur parisien.

De cette esplanade, bornée au levant par des restes de fortifications que la ravenelle parfume, le regard plonge avec ravissement sur le viaduc, les vallées ombreuses, les rochers, les prairies, les eaux de la Rance et le port, pour remonter ensuite vers les coteaux arborescents, vers les flèches des clochers rustiques, vers les villas couronnant les agrestes sommets, sites délicieux, dignes du crayon de Greuze et du pinceau de Claude Lorrain.

Si nous revenons vers l'église Saint-Sauveur, nous trouvons à notre gauche, précédé d'une claire-voie en fer,

L'Hospice Civil.

L'Hospice Civil, vaste et simple asile, avec une jolie chapelle, des jardins spacieux, est établi sur le terrain occupé au dix-septième siècle par une communauté religieuse de l'ordre de Sainte-Catherine, abandonnée lors de la Révolution.

En 1815, le monastère s'en allait pierre à pierre ; on le restaura, et bientôt les malades purent venir y chercher le repos, l'air salubre, la santé. Cet établissement est aujourd'hui desservi par les Dames de Saint-Thomas-de-Villeneuve, sous le contrôle d'un conseil d'administration.

Donnons un dernier regard au chevet de la basilique, à ses clochers, à ses chapiteaux, et reprenons, par *la rue Chauffe-Pieds*, le chemin de la place Saint-Sauveur. Nous entrerons, en remontant à gauche, dans *la rue de la Halle*, où nous trouverons

La Salle de Spectacles et la Halle dite des Jacobins.

La Halle dite *des Jacobins*, de construction récente, embrasse tout le terrain sur lequel s'élevait jadis la chapelle du même nom, fondée en 1216 par Allain, seigneur de Lanvallay. Le cloître des Dames Ursulines en est séparé par la rue. Cette Halle n'a rien de remarquable. L'étroitesse des rues qui l'enserrent gêne considérablement la circulation, et l'on regrette que ce lieu ait été choisi pour un pareil établissement; il est devenu à peu près inutile, du reste, le commerce agricole l'ayant déserté.

La Salle de Spectacles couvre la Halle de son parquet, supporté par des piliers massifs, derniers débris de la chapelle des Jacobins. La base de ces piliers s'appuie sur ce même sol d'où montait jadis vers le ciel l'encens du sanctuaire.

Le fronton triangulaire de la salle de Spectacles est soutenu par deux colonnes en granit, d'ordre toscan, et fait face à *la rue de l'Horloge*. On accède au théâtre par une levée de terre plantée de quelques arbres.

La rue Sainte-Claire, que voici entre *la rue de l'Horloge* et *la rue de Léhon*, débouche sur

La Place du Champ et la Place Du Guesclin.

Sur *la place du Champ* et à ses abords, les cultivateurs vendent les céréales, les vaches et les bœufs pour la boucherie. Là aussi se tiennent, aux jours de foires et de marchés, le jeudi, les charlatans, les chanteurs en plein vent, les petits marchands de rouenneries, les bimbelottiers qui n'ont pu trouver place ailleurs.

La place Du Guesclin, de forme rectangulaire, encadrée d'un double rang de tilleuls, bordée d'un parapet ouvert sur les quatre faces, est fort belle. La statue de l'illustre

Breton dont elle porte le nom la décore au Midi : le grand capitaine est debout, sur un socle de granit, dans une ferme attitude, appuyé sur un trophée d'armes, la main droite à la garde de son épée. Ce monument fut érigé en 1823.

La place ne fut nivelée qu'en 1836. — MM. Néel de La Vigne et de Saint-Pern-Couellan, maires de la ville, ont concouru à son embellissement.

En 1855, l'Administration adressa au gouvernement une pétition dans le but d'obtenir quelques-uns des canons en bronze conquis sur les Russes à Sébastopol, afin de pouvoir faire couler par un artiste en renom une nouvelle et durable image du bon connétable ; mais déjà le ministère de la guerre avait disposé de la plupart des précieuses bouches à feu ; la demande demeura sans résultat.

C'est sur *la place Du Guesclin* qu'eut lieu, en 1359, le duel fameux du terrible chevalier contre Thomas Cantorbery. Cet événement mémorable est ainsi raconté, d'après les vieux historiens de Bretagne :

A la faveur d'une trêve de quarante jours, conclue entre les Bretons, assiégés

dans la ville de Dinan, et les Anglais assié-
geants, Olivier Du Guesclin, jeune frère de
Bertrand, « chevauchait librement, au fond
des sonores vallées, dans les grandes avenues bordées de hautes futaies, lorsqu'un
lord anglais, accompagné de ses écuyers,
l'arrête, le déclare son prisonnier, en lui
reprochant les prouesses de son frère, et
l'emmène.

» En apprenant cet outrage, Bertrand
demande son cheval, son épée, et se trans-
porte sous la tente du duc de Lancastre.
A l'apparition de Du Guesclin, qui fléchit
le genou, selon la coutume du temps, en
saluant le duc et sa brillante cour, tous se
lèvent, et Lancastre court donner la main
au chevalier prosterné, en commandant
d'apporter du vin pour fêter sa bienvenue.
— Du vin ! du vin ! répètent Chandos,
Cnolles et tous les officiers présents, ad-
versaires, mais admirateurs du héros. —
Vengeance ! vengeance ! répond celui-ci,
et nous boirons après ; jusque-là, je ne
prendrai rien sous cette tente. — Et Lancastre de répliquer : Quel tort vous a été
fait ? Sur l'heure, justice vous sera ren-
due... Parlez ! parlez ! s'écrient les assis-

tants, vivement émus. — Monseigneur, dit Bertrand au duc, vous savez qu'il y a trève entre nous et vous, « de contraire parti... » — Oui, oui, interrompt de nouveau Chandos, et malheur à qui l'aurait violée... — Et cependant, continue le Breton, l'autre jour, mon frère, à peine sorti de l'enfance, sur la foi de cette trève, se promenait en dehors de la ville. L'un des vôtres, le capitaine Cantorbery, agissant non plus en homme de bien, mais en violateur des conditions jurées, a surpris, à l'aide des siens, l'inoffensif jeune homme, et demande mille florins pour sa rançon... Et moi, encore une fois, je demande vengeance.

A cette dernière et vibrante parole, accompagnée d'un geste qui montrait l'épée, on vit se lever, dans des transports convulsifs, un homme d'une puissante stature, d'une physionomie pleine de rudesse et d'audace. — C'est moi, dit-il, que l'on accuse d'avoir forfait à l'honneur de la chevalerie ; ma condition, mon rang m'imposent le devoir de justifier ma conduite. Sachez donc que je n'ai rien fait que je ne puisse soutenir de mon sang. Et il jette son gant à terre.

Bertrand Du Guesclin le relève. Un éclair de joie passe dans ses yeux et sur son front. Il prend lord Cantorbery par le bras. — Bien ! bien ! lui dit-il, c'est cela ! j'accepte la preuve et je vous répète que « vous êtes un faux et traître chevalier. »

C'était là l'injure suprême : l'Anglais grinça des dents de colère : « Nous nous battrons, murmura-t-il ; je ne me coucherai pas que je ne me sois mesuré avec vous ! — Et moi, dit Bertrand, d'une voix terrible, je ne mangerai que trois soupes au vin, au nom de la Trinité, avant que le gage soit fait. »

» L'annonce de ce duel, continue le narrateur, jeta les Dinannais dans une grande inquiétude ; mais il y avait alors dans la ville une jeune fille de vingt ans, grandie sous les châtaigniers de la Bellière, toute palpitante d'enthousiasme, toute rayonnante d'amour et d'inspiration, « belle, fort sage, bien apprise, instruite en la philosophie et mathématique. » (1). C'était la ravissante Tiphaine Raguenel, l'amie de Bertrand. Comme toutes les femmes d'une imagination élevée, elle aimait la gloire ;

(1) D'Argentré, page 461.

c'est pour cela qu'elle adorait le chevalier, et son admiration la mettant au-dessus des craintes vulgaires, elle prédit sa victoire : « N'ayez aucun souci, dit-elle à la multitude attristée, de ce qui peut advenir en la personne de Bertrand pour l'occasion, car il reviendra triomphant du combat, après avoir défait son ennemi, et aujourd'hui il le couchera à son aise en cette ville. » (1) Ces paroles de la gracieuse vicomtesse, qui avait la réputation de lire dans l'avenir, dissipèrent la tristesse publique et relevèrent les courages. Un écuyer de Bertrand les lui rapporta : « Il est ici, lui dit cet homme, une dame de haut prix, une dame au clair visage ; elle dit à tout le monde, aux grands comme aux petits, que par vous l'Anglais sera déconfis, et que vous reviendrez sain et vif. » (2)

Cependant le duel commence. Le boiteux Penhoët, assis sous la tente qui lui avait été dressée, ouvre la lice. Les combattants se choquent ; les lances éclatent dans leurs mains ; ils en jettent les tron-

(1) D'Argentré, page 462.
(2) Cuvélier.

çons à terre pour prendre l'épée. Dans cette seconde course, l'Anglais se fait remarquer par sa force. A cet avantage, Bertrand joint l'habileté, la diligence, la ruse. Sans pouvoir s'atteindre, les chevaliers tournoient dans la carrière comme des aigles dans l'aire où ils se pourchassent. On entend crier les armures, souffler les cavales, dont les flancs labourés bondissent sous les éperons. Les spectateurs, identifiés avec les acteurs, se croient emportés par ces évolutions redoutables, au bout de chacune desquelles la mort de l'un des champions semble certaine. Du Guesclin épuise tous les secrets de son effrayant génie : il fond à l'improviste sur Cantorbery ; il lui donne du vertige, à force de le pousser sur une circonférence invariable, et quand il le voit décontenancé, haletant, effaré, éperdu, il fait tout à coup volte-face, le presse, l'accable, et l'épée échappe de la main engourdie de l'Anglais... Un frisson douloureux saisit ses compatriotes... Les Bretons font entendre une tempête d'acclamations. Mais cette émotion n'a pas achevé de se manifester qu'une autre aussi vive y succède. Bertrand s'était donné le loisir de sauter à terre, de jeter par-dessus les barrières l'arme tombée. Assis dans la poussière, il déchaussait ses bottes et sa cuirasse pour continuer la lutte à pied avec la dague, suivant les règles de la chevalerie, et il invitait loyalement son adversaire à en faire autant, proposition toute à son avantage. Par une autre trahison, au lieu de descendre, l'Anglais précipite sa monture sur Du Guesclin, qui blesse l'animal, fond sur le cavalier renversé, lui arrache son casque, et, sans daigner le percer, frappe du pommeau de l'épée sa tête nue. A l'instant, Cantorbery paraît aveuglé et couvert de sang :

« Il ne voit plus Bertrand, mais il le sent assez, »

s'écrie cruellement le poète.

Dix capitaines anglais et autant de bretons accourent : Grâce ! Grâce !... Du Guesclin ne veut rien entendre : — « Laissez-moi, dit-il, parfaire mes armes, et ne vous mêlez pas de ceci... Qu'il se rende, ou je le tue... » Mais l'opiniâtre insulaire, dont le crâne craquait sous le gantelet d'acier, se laissait assommer et ne se rendait pas. Ses amis font de nouvelles démarches. A leurs sollicitations , le commandant Penhoët s'approche : Grâce ! Grâce ! C'est assez ! l'honneur est sauf. — « Qu'il se déclare mon prisonnier, ou je le tue ! »

Enfin, Lancastre, qui craint avec raison de ne remporter qu'un cadavre, mêle sa prière à tant de supplications. — Sans votre estime et votre bon plaisir , dit Bertrand en lui livrant le pauvre lord saignant, mutilé, il était mort. — Il ne vaut guère mieux , répond le duc. Ce prince félicita d'aussi bonne grâce qu'il put le Breton , lui rendit son frère , déclara Cantorbery dégradé et banni de sa cour, et le condamna à donner mille livres, son cheval et ses armes au vainqueur.

Ce triomphe fut suivi de la levée du siége.

Notre station sur *la place Du Guesclin* a été longue, peut-être. Les heures s'écoulent vite aux récits de la gloire. Souvenons-nous cependant que nous n'avons pas achevé notre course , et , sans qu'il soit besoin du ministère d'un huissier, franchissons, vers l'Est, la barrière de la place et les grilles du

Palais de Justice.

Le Palais de Justice, élevé sur les débris d'un couvent de Sainte-Claire, fondé au quinzième siècle par des religieux Cordeliers, est de date récente. Sa construction, commencée en 1825, ne fut terminée qu'en 1837. La façade de ce monument est en beau granit bleuâtre ; on remarque surtout les deux colonnes du péristyle, chacune d'un seul bloc de pierre, n'ayant pas moins de 4 mètres de hauteur sur 1 mètre 75 centimètres de circonférence, couronné d'un fronton plein, sans autres ornements que de simples moulures.

Le Palais de Justice a toutes les conditions de solidité désirables ; mais, dans son aspect général, il manque de majesté. — La salle d'audience est spacieuse et pourvue d'une tribune. On y voit une copie du beau tableau de Prudhon : *la Justice et la Vérité poursuivant le Crime.*

Pardon, cher lecteur, si, en sortant du Tribunal, après avoir jeté un rapide coup d'œil sur quelques belles habitations qui bordent la place du Champ et la place Du Guesclin, je vous invite, comme font nos bons gendarmes, à me suivre en prison. C'est l'itinéraire direct : il n'y a qu'un pas d'ici

Le Château de Dinan,

aujourd'hui Maison d'Arrêt.

A son retour d'Angleterre, le 3 août 1380, « Jéhan, 20ᵉ duc de Bretaigne, compte de Montfort et de Richemont, » ayant formé le projet de faire construire un château dans « sa bonne ville de Dinan, » ordonna à son « bien amé et féal sire Patry de Chasteau-Giron, garde de la ville et pays de Dinan, comme chose utile et nécessaire, » de choisir « gens dignes de foy, maistres charpentiers et aultres loyaux gens, affin de priser les terres, messons et héritaiges à prendre pour l'édifice, » lesquels « prisaigeurs » reconnurent « avoir fait iceluy prisaige sans fraude ne malengin. » (1)

Un document authentique, communiqué par M. Barthélemy, secrétaire général à la préfecture des Côtes-du-Nord, il y a peu

(1) *Notice Historique sur le Château de Dinan,* par M. Mahéo, correspondant du Ministre de l'Instruction Publique pour les travaux historiques.

d'années, mentionne les propriétés sur lesquelles l'imposante citadelle fut édifiée ,
et les conditions faites aux cessionnaires.
Une de ces propriétés devait dix sous de
rente à la fabrique Saint-Sauveur ; une
autre, composée d'un « petit jardrin, meson
et tenue, » devait « trois souls de rente
avecques ung chappeau de bouctonz de
rozes ou pareilles flors aux vespres du
jour d'avant la Trinité. » Les terrains et
édifices expropriés à cette occasion furent
évalués à la somme de « cinquante livres
d'or monnoye. »

Le troisième jour de novembre 1382, le
secrétaire des commandements du duc de
Bretagne signa l'ordonnance de construction. Les travaux furent poussés avec assez
d'activité pour que, cinq années plus tard,
le duc Jean IV, et sa seconde femme,
Jeanne de Navarre, pussent venir visiter
« le château de Dinan. »

Le Château de Dinan est le monument
militaire le plus remarquable et le mieux
conservé du pays ; il se dresse avec
majesté, à cent pieds du sol, comme une
rude sentinelle des temps évanouis, au-
dessus des vertes coulées du Bas-Bourg-

neuf, de Léhon, du vaste Asile d'Aliénés des Frères Saint-Jean-de-Dieu, en face des collines du Saint-Esprit, environné de jardins épanouis exhalant les senteurs du jasmin et de la giroflée.

Des tilleuls de chétive apparence, le tremble et le gazon verdissent à l'entrée de l'ancienne demeure des ducs puissants, indiquée par une rampe en pierre dont la hauteur nous dérobe les trois arches d'un pont sur lequel nous passons pour arriver au portail et à la première cour.

A droite de cette cour, voici un corps de bâtiments qui servait autrefois de caserne et d'infirmerie à la garnison de la forteresse.

Au-devant, deux autres cours, séparées par une grille.

A gauche, le corps de garde et la courtine conduisant à *la tour de Coëtquen*, l'une des plus colossales de ce formidable réseau de fortifications protégeant autrefois l'enceinte de la cité chevaleresque. Une salle solitaire, envahie par les eaux, est au fond de ces sombres murs. On y remarque l'orifice d'un souterrain qui, selon les légendaires, aboutissait au *château de Léhon*.

« Tout le monde doute de la chronique, »
dit M. Mahéo, « mais personne n'a encore
osé s'assurer de la véracité du fait. » Au
temps de la Ligue, le duc de Mercœur rendit une ordonnance, en date du 12 septembre 1589, dans le but d'y faire battre
monnaie. La tour de Coëtquen n'est plus
habitée aujourd'hui que par les chauves-
souris.

Nous ne sommes point ici dans le Château proprement dit. Il nous faut traverser
ce petit pont d'une seule arche ; puis, pour
voir le beau monument sous tous ses
aspects, descendre dans la cour basse.

Nous voici devant l'ancienne porte principale, sur le fronton de laquelle l'artiste
du quatorzième siècle avait sculpté, entre
autres ornements, le noble écusson de
Bretagne, biffé par la Révolution. Là-haut,
une meurtrière terrible menaçait l'ennemi,
et, comme second obstacle, une porte en
fer et une deuxième meurtrière complé-
taient le système de défense de l'entrée.

Ce corridor, devant vous, au‑dessous
duquel une chambre humide et noire servait de cachot aux soudards mutins, n'offre
pas un vif intérêt au visiteur : l'étroit logis

des factionnaires, une grande cuisine obscure, voilà tout ce que l'on remarque à ses abords.

Mesuré de la profondeur où nous sommes, le Château compte 110 pieds d'élévation et environ 200 pieds de circonférence. On n'arrive au sommet du donjon qu'après avoir gravi 148 marches. Avant d'y pénétrer, on nous montrera les nombreux appartements jadis habités par des princes, et devenus aujourd'hui le triste séjour de malheureux condamnés.

Donc, chers lecteurs, et vous surtout, Mesdames, du courage !

Cet escalier en spirale, d'un beau travail, est le chemin du premier étage. — La chambre voûtée, à gauche, était le poste de la sentinelle d'honneur. — A droite, comme l'indique le foyer seigneurial que nous y voyons encore, étaient l'office où les Vatel et les Véry du temps préparaient la venaison recherchée, le chevreuil, le sanglier des forêts bretonnes pour la table ducale, dressée dans la grande salle voisine. Là venaient s'asseoir et festoyer les nobles sires de La Hunaudaye, de Montafilant, du Guildo, du Bois de La Motte, de

Coëtquen, de Montmuran, de Tinténiac, de La Motte-Broons, de La Hardouinais.

Que n'avons-nous ici, comme ces hauts et puissants seigneurs, pour nous donner le temps de reprendre haleine, un goûter bien servi. Mais non, nous n'y trouvons pas même les mets rustiques dont se contentait Ofellus.

Continuant notre marche ascensionnelle, nous arrivons au second étage. A gauche est *la Salle au Duc*, haute de 20 pieds, avec un foyer de cinq mètres de largeur, et une épaisseur de mur à l'avenant. Ici, dans les jours solennels, le souverain breton tenait conseil.

La Salle des Gardes s'ouvrait entre *la Salle au Duc* et *la Chapelle* (dite aussi *Salle du Serment*), où nous allons faire une halte.

Recueillons-nous un instant dans ce petit temple, si méconnaissable à cette heure, où les ducs armoricains avaient leur oratoire.

C'est ici qu'Anne de Bretagne, la fière et bonne duchesse, deux fois reine de France, venait humblement se prosterner devant Dieu et prier pour la patrie. On y montre encore un siége en pierre auquel a été conservé le nom de *fauteuil de la duchesse Anne*.

En revenant vers l'escalier central, nous serons vite au troisième étage, où nous trouverons *la Chambre du Connétable*, aux côtés de laquelle veillaient jadis, dans deux cabinets-guérites voûtés, les sentinelles vigilantes.

Au quatrième étage, à gauche, était *le Poste du Guet*, aujourd'hui transformé en chapelle pour les détenus. Un peu plus loin est *la Salle d'Armes*, avec une remarquable voûte.

Quelques pas encore, et nous serons au donjon, formé de deux belles tours accolées, ceintes d'une couronne de créneaux et de machicoulis.

Enfin, un petit escalier très étroit s'ouvre devant nous, et nous voici au sommet de la fière citadelle. D'ici, le regard plane, comme d'un nid d'aigles, sur un immense horizon : à l'Ouest, c'est la vaste enceinte de l'Asile des Aliénés ; au Sud, les ruines historiques de Léhon. Les châteaux du Chêne-Ferron, de Beauvais, les cottages du Parnasse, de la Nourais, de la Forestrie, de l'Echapt, sont à nos pieds.

Au delà, ces massifs de feuillages, à notre gauche, couvrent de leurs ombres séculaires le château de Beaumanoir, berceau de l'illustre famille qui compta parmi ses membres le héros du combat des Trente.

Dans les lointains vaporeux, le monticule de Bécherel se dresse entre les futaies de Caradeuc.

Bien jeune encor, hélas ! triste, pauvre, orphelin,
Les yeux mouillés de pleurs, de regrets le cœur plein,
    Je te quitrai, chère campagne !
A la ville, depuis, j'ai passé bien des jours,
Bien des nuits, et pourtant je me souviens toujours
    Du clocher bleu sur la montagne.

Maintenant, si les tons du ciel et vos facultés visuelles le permettent, jetez au loin les yeux vers le Nord-Est : aux limites extrêmes de ces paysages de mer, de rochers, de forêts et de champs cultivés, vous apercevrez le Mont-Dol ; puis le Mont-Saint-Michel, ce vieux géant des grèves, qui fut, lui aussi, comme le Château de Dinan, le refuge des hommes frappés par nos lois pénales, mais qui, depuis quelques années, rendu au culte catholique, est devenu un lieu de pieux pèlerinages.

Dès 1562, le Château de Dinan reçut des prisonniers calvinistes, insensés iconoclastes, victimes de leur fanatisme.

En 1744, trois mille prisonniers de guerre anglais y furent incarcérés.

En 1793, on y enferma quarante prêtres fidèles à leur foi.

Enfin, depuis 1822, il est converti en maison d'arrêt.

En quittant le Château, nous avons, à notre droite, *la Porte Saint-Louis*, la plus moderne de Dinan (1620), et nous sommes fort tenté d'en prendre le chemin pour gagner *les Petits Fossés*, jolie promenade publique que nous venons d'apercevoir des hauteurs du donjon, plantée et nivelée pour la première fois sous l'administration de l'académicien Duclos, maire de Dinan de 1744 à 1748.

Mais nous n'avons pas vu encore tout ce qu'il y a de curieux dans la ville, et nous voulons tâcher de ne rien oublier.

Suivons donc, à gauche, la ligne droite, dite de *la Grande-Voirie*, qui longe les places Du Guesclin et du Champ, aboutissant à *la rue de la Ferronnerie*, où naquit le célèbre auteur des *Considérations sur les*

Mœurs, que nous venons de nommer. Le buste en marbre de Charles Duclos Pinot, élevé sur un monolithe de granit, orne le rond-point du frais boulevard, en face de la rue dite du *Trou-au-Chat* ou des *Petits-Fossés*.

La rue de Cocherel vient ensuite ; puis *la rue* et *la place du Marchix*, à gauche desquelles voici

L'Hôtel-de-Ville, la Bibliothèque, le Musée.

L'Hôtel-de-Ville, restauré en 1877 et 1878, repose en grande partie sur les fondations d'un hospice datant de 1618.

Des Spartiates se fussent contentés de l'ancien édifice ; mais il est convenu qu'il faut sacrifier à la mode dans les républiques modernes, voire même un peu au luxe. La Municipalité dinannaise n'a pu s'en défendre, paraît-il, elle a donné des ailes à son vieil Hôtel-de-Ville et l'a couronné de dentelles élégantes. En somme, il fait assez bonne figure, ainsi rajeuni.

La pierre armoriée portant les écussons unis de France et de Bretagne, et celle décorée de l'écusson de la ville de Dinan, ont été depuis quelques années seulement entées sur la façade. L'écusson de Dinan est un débris de la porte Saint-Sébastien, démolie en 1777, en avant de la porte du Jerzual.

A l'intérieur, un assez bel escalier en pierres marque la voie qu'il faut suivre pour arriver au secrétariat et à la salle des solennités.

On remarque dans la pièce principale, qui porte le nom de *salle de l'Odéon*, les portraits de Bertrand Du Guesclin, de Charles Duclos-Pinot, de Claude Marot de La Garaye, de Jacques de Beaumanoir, de Chateaubriand, de Broussais, etc., auxquels devraient venir se joindre celui de Pierre Le Hardi, député à la Convention Nationale « *comme le plus homme de bien,* » mort sur l'échafaud le 30 octobre 1793 ; celui de Malo de Garaby, né à Pleudihen, auteur de *la Vie des Saints de Bretagne*, ouvrage estimé ; des *Chants de la Piété*, où l'on trouve des strophes comme celle-ci :

« Sûr que le Ciel maudit l'arbre stérile,
Le sage passe en opérant le bien ;
Vivre et mourir à l'univers utile,
C'est la devise et l'esprit du chrétien. »

La Bibliothèque publique fut solenellement inaugurée le 3 novembre 1864, avec le concours d'une Société d'Emulation, aujourd'hui disparue. M. le Maire y lut les vers suivants, composés pour la circonstance, sur ses instances, par le rédacteur de *l'Union Malouine et Dinannaise* :

LES LIVRES.

Causerie.

Lorsqu'il suspend la crémaillère
Au foyer neuf d'un gai logis,
On voit l'heureux propriétaire
S'environner de ses amis :
C'est sous leur joyeux patronnage
Que flambe le premier tison,
Et l'on dit que ce vieil usage
Porte bonheur à la maison.

Ce soir, de même on nous rassemble,
Messieurs, afin d'inaugurer
L'asile où nous pourrons ensemble
Du Vrai, du Bien nous pénétrer :
Des *Livres*, donc, sujet qu'il aime,
Permettez qu'un humble rimeur
S'entretienne avec vous... Ce thème
Convient surtout à l'imprimeur.

Les Livres ! tous, tant que nous sommes,
Avocats, auteurs, médecins,
C'est par eux que l'on nous fit hommes ;
Par eux on fit même des saints !...
C'est par eux qu'Homère et Virgile
Jusqu'à nos siècles sont venus ;
Par eux encor que l'Evangile
Est redit à nos cœurs émus.

Leur science, avec Hippocrate,
Dans les maux nous est un soutien ;
Bons conseillers, avec Socrate
Ils nous enseignent le vrai bien ;
Aux favoris de la richesse,
Ils disent : Faites des heureux ;
Et si l'adversité nous presse ,
Tout bas ils nous parlent des cieux !...

C'est dans leurs pages précieuses
Que revivent les souvenirs
De nos luttes victorieuses,
De nos héros, de nos martyrs ;
C'est sur leur vélin que l'Histoire
Ecrit pour la postérité
Les noms que la main de la Gloire
Couronna d'immortalité.

Les Livres !... Que l'or et les roses
Nous fassent un sentier vermeil,
Ou que nos jours passent, moroses,
Sans azur, sans fleurs, sans soleil,
Ils sont là, compagnons fidèles,
Tour à tour légers, graves, doux,
A notre humeur jamais rebelles,
Riant ou pleurant avec nous.

Le ciel est sombre... c'est Novembre
Et son cortége de frimas....
Que faire ? Il faut garder la chambre
Dans le fauteuil qui tend les bras.
Mais voici Molière, Racine,
Chateaubriand, Duclos, Nodier,
Hugo, Shakspeare, Lamartine ;
Avec eux, qui peut s'ennuyer ?

On dit pourtant, — mais je crois rare
La chose, — que certains esprits
Préfèrent le feu du cigare
Au feu sacré des beaux écrits.
Sans faire ici de la satire
A propos des pauvres gandins,
Ces esprits, il faut bien le dire,
Ne sont pas des esprits malins.

Aspirons la vapeur amère,
Aimons la beauté, l'art, les fleurs,
Mais surtout cherchons la lumière
Des Livres civilisateurs.
La lumière, sans hypothèques,
Nous prête aujourd'hui ses rayons,
Accourez aux bibliothèques,
O jeunes générations !

Les Livres !... Lorsque dans Mayence
Guttenberg s'illustrait, sa main
Pour guide avait la Providence :
« *L'homme ne vit pas que de pain.* »
Dieu lui même l'a dit au monde :
Il ne faut point que le flambeau
Qui doit chasser la nuit profonde
Reste caché sous le boisseau,...

Les ouvrages sont rangés dans une annexe du salon dit *de Conversation*, contigu à la grande salle de l'hôtel-de-ville.

L'origine de la Bibliothèque remonte à 1790. Il y avait alors à Dinan sept communautés religieuses : les Jacobins, les Cordeliers, les Capucins, les Clarisses, les Ursulines, les Jacobins de Sainte-Catherine et les Filles de la Sagesse, sans compter les autres monastères répandus dans les belles campagnes d'alentour. Les volumes abandonnés dans ces établissements et dans plusieurs châteaux, dont les hôtes s'étaient dispersés au souffle orageux de la Révolution, s'élevaient au nombre de *quinze mille*, parmi lesquels plusieurs manuscrits.

Mais l'ignorance était grande ; puis, on lisait très peu dans ces temps troublés. Les richesses bibliographiques des congrégations et des castels furent mal conservées. Le pouvoir exécutif du temps eût répété volontiers, comme le coq de la fable trouvant la perle :

> ..... Le moindre grain de mil
> Ferait bien mieux mon affaire.

Ce trésor de science devint l'objet du gaspillage le plus déplorable. Dans un espace de douze années, cinq mille volumes furent enlevés, et il est permis de croire que ce n'étaient pas les moins intéressants. Cette perte fut officiellement constatée en 1803.

En 1807, malgré les énergiques protestations de M. Néel de La Vigne, six mille tomes furent pris encore dans les bâtiments de la Victoire, où ils avaient été déposés, et dirigés sur St-Brieuc, le Gouvernement ayant décrété la formation de bibliothèques publiques aux chefs-lieux des départements.

En 1823, ce qui restait à la Victoire, c'est-à-dire trois à quatre mille volumes, fut relégué dans les greniers de la Mairie, à la merci des rats et des maraudeurs. Aussi, là encore, comme l'on devait s'y attendre, de nouvelles soustractions furent commises, et lorsque, sous l'administration de M. de Saint-Pern-Couellan, on voulut donner enfin un asile plus convenable aux œuvres de l'esprit, il restait deux mille tomes seulement, y compris les ouvrages incomplets.

M. Victor Aubry et M. Odorici s'occupèrent successivement de la conservation de ces dernières dépouilles, auxquelles le Gouvernement, M. Néel de La Vigne et quelques autres généreux citoyens ajoutèrent divers dons. M. Néel, notamment, légua plus de mille volumes à l'établissement renaissant.

Parmi les ouvrages les plus importants que possède aujourd'hui la bibliothèque publique de Dinan, il convient de citer :

1º Un exemplaire du *Moniteur Universel*, depuis sa fondation, avec l'introduction, les tables, le volume orné des portraits des hommes de la Révolution, *le Moniteur de Gand*, etc.

2º *Les Heures d'Anne de Bretagne* (reproduction), chef-d'œuvre de l'imprimerie moderne, volume in-4º, tiré seulement à 850 exemplaires numérotés.

3º *La Jérusalem Délivrée*, grand in-folio, en langue italienne, avec gravures, édition splendide, offerte par M. Veillet, médecin principal des armées, né à Dinan.

4º Un *Dom Lobineau* fort bien conservé.

5º De belles collections de gravures, atlas et lithographies.

Quand le goût de l'étude aura pénétré plus profondément dans tous les rangs de la société ; quand la jeunesse aura compris tout ce qu'il y a de bon à puiser dans les livres, la Bibliothèque publique pourra compter de nombreux habitués.

Le Musée occupe, au rez-de-chaussée, la salle située précisément au-dessous de celle des solennités. Il a été fondé en 1842.

Au début, cet établissement ne possédait guère que des pierres tumulaires provenant de l'abbaye de Léhon, quelques médailles et vases antiques trouvés à Corseul.

Sur la proposition de M. Luigi Odorici, réfugié italien, possesseur de collections variées, la ville consentit à s'imposer le sacrifice d'une somme assez importante en faveur de ce dernier, qui fut, en outre, nommé conservateur. Nous devons rendre en passant cette justice à M. Odorici, qu'il est là tout-à-fait dans son rôle : il a su ranger avec une rare symétrie, sur les étagères de ses armoires vitrées, les médailles d'Auguste, de Tibère, de Néron, de Trajan, de Marc-Aurèle, de Posthume, de Crispus, de Constance, de Faustine, de

Lucille, — quatre ou cinq cents échantillons de roches de Bretagne, — de nombreuses coquilles, des débris d'animaux, des figurines et vases en bronze, des poteries, etc., etc.

Dans une note que nous avons sous les yeux, M. le conservateur estime à huit ou dix mille le nombre total des objets réunis dans le Musée.

Parmi les plus dignes d'attention, il faut citer :

1° La pierre tumulaire sur laquelle le ciseau d'un artiste du douzième siècle a fait surgir en relief l'image de Rolland de Dinan, deuxième du nom, capitaine distingué de son temps, grand justicier de Bretagne, « *præcepit rex Rollando de Dinan justiciaro Britanniæ*, » dit une vieille charte. Ce fier vicomte, qui régna sur le pays dinannais pendant vingt-cinq ans, est représenté armé de toutes pièces. Cette pierre a été apportée de l'ancienne abbaye de Beaulieu, en Mégrit, où Rolland de Dinan reposait depuis l'an 1190.

2° La pierre tumulaire de Jean de Beaumanoir, fils du héros des Trente, compagnon d'armes de Du Guesclin, traîtreusement assassiné par son fermier Rolland Moysan. Le guerrier apparaît armé de toutes pièces, comme le précédent ; mais sa tête est nue, en souvenir de sa mort fatale, et ses pieds reposent sur un lion.

Une chronique de 1410 dit, à propos de ce personnage :

« Et uns disoient que le sire de Beaumanoir, voyant la belle Rose-ès-lys assise en son vergier, d'amour pour elle fut éprins, et disoient encore, malicieusement et méchans, que la fille du métayer Rolland bailloit roses de son verger au sire Jehan, quelles roses icelui Jehan de sa main dextre plaçoit à senestre sur son cœur : mais li bons li notables rien ne croyoient de telle histoire quand elle avint en la cité de Dinan, et que répandue, fû emmy li notables et bourgeois. »

3° Celle de Berthelot d'Angoulvent, lieutenant de Robert de Guitté (1387). La tête du vaillant personnage est surmontée d'un dais, rappelant les actes pieux de sa vie.

4° La pierre tumulaire d'une châtelaine de Beaumanoir. La noble dame porte pour ceinture une guirlande de fleurs, et ses pieds sont posés sur un vautour.

5º La pierre tumulaire d'un abbé-prieur de l'abbaye de Léhon.

6º Celle d'un chevalier de la Vallée de la Coninnais.

7º Une pierre tumulaire en grand relief, que l'on croit être celle d'un chevalier de Goyon.

8º Quelques autres tombes de chevaliers, d'abbés, et celle d'une châtelaine, dont les noms sont ignorés.

9º *Le fac simile* d'une inscription dont l'original se trouve dans l'église paroissiale de Corseul, gravée en souvenir d'une dame romaine qui, au temps des guerres de César, poussée par l'amour maternel, à travers mille dangers, suivit son fils d'Italie en Armorique. On lit sur ce monument de la piété filiale :

D. M. S.

SILICIA . NA

M GID DE DO

MO . AFRKA

EXIMIA PIETATE

FILIVM SECVTA

HIC . SITA EST

VIXIT . AN . LXV

C . FI . IANVARI

VS FIL . POSVIT.

Cette inscription a été traduite ainsi :

Par un suprême amour conduite dans ces lieux,
      Ici gît une mère !
Elle a voulu mourir sur la terre étrangère,
Loin du sol africain, pays de ses aïeux,
Et sur le cœur du fils qui lui ferma les yeux.
Dieux Mânes, protégez le pieux mausolée
Que j'élève en pleurant sur sa cendre exilée !

10° Une mèche de cheveux de l'empereur Napoléon Ier.

11° La giberne de Malo Corret de Latour d'Auvergne, « premier grenadier de France, mort au champ d'honneur. »

12° Le masque de Du Guesclin, moulé sur la pierre sépulcrale de Saint-Denis.

13° Les masques de Henri IV et de Napoléon Ier, d'après nature.

14° Les modèles réduits de la cathédrale de Coutances, de la cathédrale de Dol, de l'église abbatiale de Saint-Jacut, très habilement exécutés, en 1739, par un religieux bénédictin.

15° Une clef en fer, œuvre du roi-martyr Louis XVI.

16° Un spécimen, sur vélin, de l'écriture du même roi.

17° Un calice en pierre, des premiers temps de l'Eglise.

18° Deux beaux fragments de l'épine dorsale d'une baleine, trouvés dans les dépôts calcaires du curieux bassin de Saint-Juvat, où nous ferons plus tard une excursion.

19° Le mouvement de l'ancienne horloge de Dinan, fabriqué en 1498, par maître Hamzer, nantais.

20° Un médaillon frappé en 1759, pour perpétuer le souvenir de la bataille de Saint-Cast.

21° La médaille commémorative de l'érection du Viaduc sur la Rance.

22° Des dents de requins, de phoques, des vertèbres de squales découvertes dans les sables marins de Saint-Juvat.

23° Enfin, de nombreux objets divers trouvés dans les ruines souterraines de Corseul, à trois lieues de Dinan, antiques témoins, muets et pourtant éloquents, de l'occupation romaine dans nos contrées.

Après avoir donné un dernier regard aux séries minéralogiques, géologiques, volcaniques, ornithologiques, à la numismatique, aux chinoiseries, aux mille riens curieux dont la longue nomenclature ne saurait être détaillée dans ce *Guide*, nous féliciterons la ville de Dinan de cette création artistique et littéraire , et nous continuerons notre promenade.

Laissant à gauche *la Porte de Brest, la rue Croix-Plate* et *la rue de la Croix* , où se trouvait la maison jadis habitée par la belle Tiphaine (Stéphanie) Raguenel, première épouse de Du Guesclin. nous allons entrer dans *la Grande-Rue* et visiter

L'Eglise Saint-Malo.

Le premier temple élevé dans ce pays sous le vocable du glorieux Maclow le fut, disent les historiens de Bretagne . par le vicomte Olivier de Dinan, en l'année 1066, dans le faubourg qui porte encore le nom du saint apôtre de cette contrée ; mais les guerres intestines qui désolaient nos aïeux au quinzième siècle engagèrent le duc François II à faire démolir, vers 1487, l'antique maison de prières, dans la crainte que l'ennemi ne la transformât en forteresse contre la ville.

Deux ans plus tard, en juin 1489, Jean, vicomte de Rohan, fournit l'emplacement sur lequel fut érigée l'église que nous voyons aujourd'hui.

La pose de la première pierre eut lieu le 17 mai 1490, comme l'indiquent ces mots, inscrits à l'entrée du religieux monument :

LE DIX-SEPTIÈME DE MAI,
L'AN MIL QUATRE CENT QUATRE-VINGT ET DIX,
FUT COMMENCÉE POUR VRAY
CETTE ÉGLISE EN CE POURPRIS
PAR LES TRÉSORIERS A CE COMMIS, ETC.

« Il fut apporté de Quélinan pour cette construction, dit un grimoire du temps, 2704 quartiers de pierre, et payé pour le cherruy 135 livres 4 sols, à 12 deniers la pièce. Les plafonneurs recevaient 2 sols 6 deniers par jour, et la charretée de pierres amenée des carrières de Quélinan coûtait 5 sols. » — Jean de Rohan se réserva le droit d'enfeu près du maître-autel.

L'église Saint-Malo est, comme l'église Saint-Sauveur, décorée à l'extérieur de motifs bizarres, fantastiqurs : reptiles, quadrupèdes, oiseaux, fruits, corbeilles épanouies, tous les caprices de la fantaisie s'y pressent, y fleurissent les clochetons, les tourelles gothiques élégamment groupées et transformées en parterre aérien.

Ce vieux monument de la foi de nos pères était resté inachevé. — M. l'abbé Chenu, curé de cette paroisse, plein de zèle pour sa chère église, voulut continuer l'œuvre du pieux vicomte Olivier, et le ciseau modeste de nos travailleurs dinannais découpa le vitrail flamboyant, les rinceaux légers, comme les ouvriers d'autrefois l'avaient fait, et la nef hardie couvrit de ses arceaux rajeunis la foule prosternée.

On jugera de l'importance de la restauration, commencée en 1855, par les chiffres suivants : Surélévation de la nef, 10 mètres 50 centimètres ; — construction de deux bas-côtés de 26 mètres de longueur sur 7 mètres 70 centimètres de hauteur ; — établissement de deux jolies chapelles de 6 mètres de largeur sur 3 mètres 20 centimètres de profondeur et 9 mètres de hauteur. — Le plan de ces travaux a été dressé par M. Charles Aubry, architecte de l'arrondissement de Dinan, chargé aussi de leur direction.

A l'intérieur, l'ogive, surmontée de galeries et de dômes gracieux, court sur dix-huit colonnes.

Les chapelles voisines du chœur sont également remarquables.

Les familles Du Chastel, De Lanjamet, Mousset de Villeneuve, Du Tertre Maingard, De Boisadam, de Pestivien, De La Houssaye, De La Garaye, De Pontbriand, De Saint-Pern, etc., y avaient des enfeux.

Le corps de Mgr Claude-Louis de Lesquen, ancien évêque de Beauvais et de Rennes, qui vint passer à Dinan les dernières années de sa vie, fut inhumé dans ce temple le 19 juillet 1855, derrière le chœur. La pierre tumulaire qui couvre la dépouille du vénéré prélat est d'un très joli travail ; c'est l'œuvre d'un habile ouvrier dinannais du nom de Charpentier.

L'église Saint-Malo, surtout à l'intérieur, est d'un aspect vraiment monumental : elle se compose d'une nef et de deux bas-côtés spacieux, d'un vaste transept et d'un chœur dont les arcades sont surmontées d'une galerie ajourée. Des chapelles rayonnent autour du déambulatoire et ajoutent à l'effet de perspective ces jours mystérieux remarqués dans les édifices de la période ogivale.

Le tombeau du maître-autel et le soubassement du rétable sont de formes pleines et sévères. En arrière de l'autel est la statue de saint Malo, due au ciseau de M. Savary ; elle est largement drapée. Le saint pontife est assis dans sa chaire épiscopale ; il tient d'une main la crosse, et, de l'autre, bénit le peuple. Sur sa tête se lève un dais.

Deux statues de saint Pierre et saint Paul, conservées de l'ancien autel, semblent applaudir à la mission de l'apôtre de nos rivages.

Sur un charmant bas-relief, le statuaire raconte, dans trois scènes de vingt-un personnages, la légende de saint Malo.

Deux anges adorateurs, de grandes dimensions, complètent le groupe des religieuses figures.

On remarque dans la même église un tableau du Christ, des stores dus au pinceau de M. Hawke, et qui rappellent divers épisodes de la vie de saint Malo.

On y voit aussi des vitraux brillants, d'un choix parfait et d'une très remarquable exécution.

Sur les instances de M. l'abbé Chenu, qui se rendit tout exprès au palais des

Tuileries, où il reçut le meilleur accueil, le gouvernement impérial accorda une somme de 80,000 francs pour concourir à l'achèvement de l'église telle que nous la voyons aujourd'hui. Un généreux prêtre et de pieuses familles fournirent les vitraux coloriés. Le courage et la bourse du pasteur cinquantenaire, le zèle de MM. les fabriciens et les souscriptions des bons habitants de Dinan fournirent au reste. Ce monument fait honneur aux deux générations qui, à quatre cents ans de distance, se sont rencontrées dans un même élan de foi pour élever un temple au Seigneur.

On voit dans la chapelle Saint-Victor (bienheureux patron de M. l'abbé Chenu) un tombeau modeste, élevé à la mémoire de ce pasteur dévoué, par MM. les fabriciens et ses paroissiens reconnaissants.

En sortant de l'église Saint-Malo, suivons, à gauche, *la Grande-Rue*, au bout de laquelle nous verrons *l'ancien hôtel des seigneurs de la Garaye*, maintenant *hôtel de Plouër*, où se forma, dans la nuit du 13 février 1598, la conjuration qui devait amener la reddition de Dinan au pouvoir de Henri IV.

Tout près, voici

L'ancien Monastère des Cordeliers,
aujourd'hui l'Ecole Ecclésiastique.

L'ancien Monastère des Cordeliers fut l'un des plus célèbres établissements religieux du pays de Dinan. Il eut pour fondateur, en 1251, le vicomte Henri d'Avaugour. C'est à son retour des Croisades, durant lesquelles il avait couru les plus grands périls, que le noble seigneur fit élever cette maison.

Nos vieux chroniqueurs ont longuement raconté l'histoire de cette fondation. Le père Dupas, entre autres, a écrit les lignes intéressantes qui suivent sur Henri d'Avaugour et le couvent des Cordeliers :

« Ce noble et généreux prince, dit-il, étant allé au voyage (de Terre - Sainte) avec le roi saint Louis et autres princes et seigneurs français, l'an 1249, contre les Sarrasins ennemis de la croix de J.-C., d'une grande foi et piété, fit vœu à Dieu et à M saint François, que si Dieu donnait la victoire aux chrétiens, il ferait édifier un couvent de l'ordre de Saint-François en son propre palais à Dinan, et y prendrait l'habit dudit ordre. Sitôt qu'il eut fait ce vœu, le portrait de saint François s'apparut à lui et lui dit que les gendarmes de Jésus-Christ ne devaient point perdre courage, et lui promit que bien les assisterait de son aide. Cette guerre étant finie, le baron d'Avaugour ayant baisé les mains du très chrétien roy saint Louis et pris congé de luy, dit adieu aussi à ce monde, et renonçant à toutes ses pompes et délices..., il s'en revint à Dinan et y fit bâtir ce très beau couvent qu'on y voit encore, lequel est de tous communément appelé *Notre-Dame-de-Vertus*, à cause d'une image ainsi nommée que le séraphique Bonaventure luy envoya. »

Un autre vieil auteur a composé les strophes que voici sur le même sujet :

Cy est la fondâon du ver° Couvent de S. Franc° à Dinan, autrement dit N.-D.-de-Vertus.

L'an mil deux cents un an et quarante
Que Saint Louis, le noble roy de France,
Passa la mer o grand nombre de gens
Devotieux et de bonne creance.

Tous ensemble d'une bonne alliance
Ils partirent pleins de divin amour,

Avecq eux connestable de France
Monsr Henry le baron d'Avaulgour.

S'en allèrent par grande devoôn
Po^r recouvrer la noble et sainte terre
Le connestable le baron d'Alvaug^r
Y demeura deux ans pour la conqueste.

Les Sarrazins leur firent dure guerre,
Tant qu'ils pansaient s'en aller tous mourir,
Le connestable mist les genoux à terre
Et côença a pleurer et gemir.

Benoist IHS qui vouleustes mourir
P^r nous en croix, aiez de nous pitié.
Contre ces chiens veillez nous secourir
Qui vos saints lieux ont ainsi prophanié.

Et mon palays a Dinan sittué
J'en ferai couvent de saint Franczois
P^r servir Dieu en hyver, en esté,
Et lesseray mes chevaux et harnoys.

Bientost apres il apercut saint Franczois
Au connestable disant qu'il gaignerait
La bataille contre ses chiens Turquois
Et q. p^r luy Jesus-Ch. il prieraict.

Le connestable au roy s'en va tout droit
En luy disant : Sire, prenez couraige,
Nous gaignerons, car nous avons bon droict,
Par saint Franczois, nous aurons lavantaige.

De vous, Sire, je ne veux plus de gaiges,
Car le monde je veux y abandonner
Et servir Dieu auquel a son ymaige
Il lui a plu nous crayer et former.

De saint Franczois lahbit s'est fait donner
Au bon docteur, dit Saint Bonaventure,
Dont Saint Louis se prist à en pleurer
Et la noblesse en eut grande amertume.

Puis a Dinan par Saint Bonaventure
Fut envoyé et bastit ce couvant
De devôon et de honeste mesure
Où il vesquiet et mourut sainctement.

Plus^rs seigneurs de son très noble sang
L'ont ensuivy en sa religion
En laquelle ont vescu sainctement
Dont en est grand memoire et renom.

Entre les aultres chevaliers de grand nom
Monsr Geffroy Botherel de Quintin,
Seigneur Hardouin Tournemine, par raeson
Ont fait service à Dieu soir et matin.

N^re Dame-de-Vertus appellée
Une ymaige ici fuy envoyée
Par le docteur dit Saint Bonadventure
Ou des malades il est fait grande cure.

Prenons sur eux notre exemple et patron
Et de bonne heure prenons les bons logis ;
Demandons tous à notre Dieu pardon
Heureux sera qui aura paradis.

(Copié à la Bibliothèque Nationale, département des Manuscrits, Mémoires de Bretagne, N° 22,525, par M. Paris-Jallobert, membre de la Société Archéologique d'Ille-et-Vilaine.)

Cependant les guerres du quatorzième siècle ne tardèrent pas à faire crouler en grande partie ce monument que tous les âges auraient dû respecter.

Un des hommes illustres du temps, Charles de Blois, le fit restaurer en 1342.

Vingt-six ans plus tard, au mois de février, le duc Jean IV, passant à Dinan, séjourna au monastère des Cordeliers. — Les légendaires racontent à cette occasion qu'ayant remarqué sur l'un des murs le portrait de Charles de Blois, son ancien compétiteur à la puissance en Bretagne, le duc voyageur donna l'ordre de le faire disparaître ; « mais, » ajoutent-ils, « l'image répandit du sang, ce qui fit accourir beaucoup de monde et tourna à la grande confusion de Jean IV. »

En 1397, l'ambassadeur du roi de France, poursuivi par les colères de la population dinannaise, qui voulait lui faire un mauvais parti, se réfugia dans l'église des Cordeliers.

Comme dans les églises Saint-Sauveur et Saint-Malo, les familles de haut rang avaient autrefois des enfeux dans l'ancienne église des Cordeliers : les vicomtes de Dinan, de La Bellière, les sires de Montalifant, de Coëtquen, de Pontbriand, de Laval, de Chateaubriand, de Serizay, tinrent à honneur de reposer, après leur mort, sous les dalles du religieux monastère.

Henri II d'Avaugour, le fondateur, après avoir porté durant plusieurs années l'habit des Franciscains, et vécu en grande austérité, mourut aux Cordeliers et y fut inhumé sous une voûte du chœur.

On y voit encore de nos jours une inscription tracée à la mémoire de Guillaume Rosnivinien, seigneur de Corseul et du Parc d'Avaugour, chambellan du duc de Bretagne, époux de Perrine de Meulant, grand échanson et conseiller du roi de France Charles VII, le même qui, s'interposant généreusement entre Gilles de Bretagne et ses assassins, essaya, mais vainement, de sauver ce prince infortuné.

A la suite de la Révolution de 1789, le couvent des Cordeliers fut déclaré propriété nationale et vendu à M. Charles Beslay ; nous ignorons à quelles conditions. Nous savons seulement que les objets mobiliers laissés à l'église pour le service du culte furent adjugés pour la modeste somme de 1,321 fr. 35 c.

En 1803, Mgr Caffarelli, évêque de Saint-Brieuc, chargea le respectable abbé Bertier, alors vicaire de la paroisse Saint-Sauveur, d'organiser une école ecclésiastique dans les anciens bâtiments des Cordeliers, et l'en nomma supérieur. Le bon prêtre avait épuisé ses ressources pour racheter le religieux édifice ; il ne possédait plus, dit un auteur, qu'une somme de *un franc cinquante centimes*. Cependant, fort de sa bonne volonté, de sa confiance en Dieu, il accepta la tâche que le premier pasteur du diocèse assignait à son zèle. La Providence bénit ses travaux : le docte abbé dirigea en même temps le petit et le grand séminaire de Dinan, l'un dans les bâtiments de la Victoire, l'autre aux Cordeliere, et compta jusqu'à 560 élèves dans sa double institution. L'abbé Bertier mourut en 1837, âgé de 81 ans, vicaire - général du diocèse pour l'arrondissement de Dinan. Ses cendres, vénérées des fidèles, reposent dans la chapelle actuelle de l'établissement.

L'abbé Bertier a publié un livre ascétique intitulé : *Exposition des vrais Principes de la Religion*.

Une école ecclésiastique continue à fonctionner avec le plus grand succès dans l'antique monastére des Cordeliers, qui, chaque année, fournit quinze à vingt bacheliers ès-lettres ou ès-sciences.

Les bâtiments, vastes et bien aérés, les cours spacieuses de cet établissement, la nourriture saine et convenable fournie aux jeunes pensionnaires, y favorisent la santé du corps, en même temps que l'enseignement religieux y fortifie l'âme.

En sortant du Petit-Séminaire, on voyait jadis, sur *la place des Cordeliers*, *l'hôtel des Chevaliers de Malte*. Il n'en reste aujourd'hui qu'un souvenir conservé aux fenêtres des mansardes de la maison moderne édifiée sur le même emplacement.

Suivons maintenant la ligne de porches qui se trouvent à notre gauche, et, laissant à droite *la Halle aux Viandes* et *la Poissonnerie*, où se vendent aussi les légumes, la volaille morte et les fruits, arrivons au quartier très fréquenté de

L'Apport.

C'est sur *la place de l'Apport* que se vendent, chaque matin, le lait doux, « *le lait à*

Madame » (friandise locale), les petits
beurres frais, les primeurs de nos jardins et
de nos vallées, — fruits, légumes, fleurs,
etc. Le mouvement commercial qui s'y produit de l'aube au soir est remarquable ;
aussi l'on y voit réunis, comme dans *les
passages* de Paris : le bijoutier, le pâtissier,
le cirier, le chapelier, le pharmacien, le
coiffeur, le parasolier, l'épicier, le charcu-
tier, et les crieurs ambulants vont y promener leurs éventaires. Du reste, rien de
particulier que quelques porches sombres,
soigneusement conservés par leurs propriétaires.

Après avoir donné un coup d'œil rapide
à cette ruche du négoce bourdonnant sans
fin au milieu de la vieille cité, laissons à
notre gauche *la rue de la Poissonnerie*, qui
n'a rien de fort curieux ; devant nous, *la
rue de la Haute-Voye* et les bâtiments du
Vieux-Couvent ; puis, tournant à droite,
entrons dans *la rue de l'Horloge*, peuplée
de commerçants, comme la place de l'Apport, et encombrée, elle aussi, de quelques
porches qui conservent à sa physionomie
le caractère typique du Moyen-Age. Nous
y remarquerons d'abord

La Tour de l'Horloge.

La Tour de l'Horloge, en y comprenant la flèche qui la couronne, monte en pyramide a soixante mètres du sol. Elle est située à peu près au centre de la ville, et date du quinzième siècle. La Municipalité y tenait autrefois ses séances. Au pied de la flèche est une galerie en plomb d'où l'observateur découvre les riants aspects des environs. Ce point de vue est très admiré des étrangers ; il est d'un assez difficile accès. L'horloge, qui, depuis bientôt quatre cents années, indique du haut de cette tour la marche du temps, est un présent de la reine-duchesse Anne de Bretagne aux Dinannais, en 1507, comme l'indique l'inscription suivante, gravée sur le timbre :

ANNE, POUR VRAY JE FUS NOUMÉE
EN L'AN MIL CINQ CENT SEPT,
DES NOBLES DE LA VILLE NOUMÉE
TIERCE DE CE PAYS EN EFFET.
JE FUS EN CETUI AN FONDUE
AU MOIS D'AOUST PAR PHLIPES BUFET.
ET DE BON MESTAL BIEN RANDUE
DU POYS DE SIX MILLE ET SEPT.

La fille sonore de *Phlipes Bufet* eut la duchesse Anne pour marraine, et pour parrain, le vicomte de Rohan.

En continuant notre route, nous laissons à gauche *la rue des Morts*, aboutissant à la place Saint-Sauveur. On remarquait, il y a peu d'années, dans la rue de l'Horloge, la maison dite de *l'Ancien Gouvernement*, nom que porte aussi une maison du Marchix.

Nous voici revenus près de la salle de spectacles. Devant nous est *la rue de Léhon*, où se trouve l'ancien *hôtel Montmuran*, qui fut la demeure de feu M. Néel de La Vigne, bienfaiteur de la cité.

Avant d'entrer dans cette rue, voici, à gauche, près de la halle des Jacobins,

Le Monastère de la Victoire.

Cette Communauté, fondée en 1628, fut d'abord occupée par des religieuses Bénédictines, et complètement incendiée en 1746. Les terrains qu'elle couvrait devinrent la propriété de Mgr des Laurents, évêque de Saint-Malo, qui dota de rentes viagères les sœurs survivantes, et, dans le monument restauré, fonda un collége que le R. P. Picot de Clos-Rivière, jésuite, dirigeait à l'époque de la Révolution. Le Monastère de la Victoire devint alors propriété nationale.

Le III Vendémiaire an XIII, la ville y établit une école secondaire qui subsista jusqu'en 1815. En 1823, la Restauration en fit la concession aux Dames Ursulines. Enfin, après 1830, la Municipalité dinannaise, ayant repris possession du local, y installa

Le Collége Communal.

Le Collége Communal de Dinan est subventionné par la ville. On y prépare les jeunes gens au baccalauréat ès-lettres, au baccalauréat ès-sciences.

Une plaque de marbre, fixée naguère au-dessus de l'entrée principale, portait cette inscription :

ICI ONT ÉTUDIÉ
CHATEAUBRIAND ET BROUSSAIS.

La vérité historique est que le Collége était alors dirigé par les ecclésiastiques des Cordeliers.

Les bâtiments du Collége Communal ont été très convenablement restaurés en 1877.

On retrouve, en parcourant les appartements, de nombreuses traces de leur destination première ; on y remarque, entre autres, une chapelle assez spacieuse.

L'air salubre et tempéré de la zone dinannaise, les vastes cours mises à la disposition des pensionnaires aux heures de récréations, la nourriture saine et abondante que l'on y donne, la surveillance active que l'on y exerce, ne peuvent manquer d'avoir la plus heureuse influence sur la santé de la jeune population qui vient y chercher le pain de la science.

Les Colléges de Dinan ne connurent jamais les épidémies qui désolent parfois les maisons de ce genre.

Notre exploration à l'intérieur de Dinan est terminée. Au bout de la rue de Léhon, *la Porte Saint-Louis* s'ouvre devant nous : c'est de là qu'il faut partir pour visiter les frais boulevards et les fortifications croulantes de la vieille place de guerre.

EXTÉRIEUR DE LA VILLE,

PREMIÈRE PROMENADE.

La ceinture de hauts et larges remparts qui défendait autrefois Dinan s'étendait sur un espace de plus de deux mille trois cents mètres. Dès nos premiers pas hors de la ville, à gauche de la porte Saint-Louis, au milieu des lilas et des violiers qui fleurissent les jardins d'alentour, nous apercevons, sortant comme d'une fraîche corbeille, les ruines de *la tour des Sillons* ou *du Père Renaud.*

En face de la même porte est *la rue du Haut - Bourgneuf*, que nous parcourrons lors de notre visite au *Mont-Parnasse* et aux restes de la célèbre *abbaye de Léhon.*

Mais, avant d'entreprendre cette excursion, passons, à droite, au pied des murs

de la tour de Coëtquen ; à leur suite se
déroule

La Promenade des Petits - Fossés.

Comme nous l'avons dit plus haut, *la
Promenade des Petits* et *des Grands-Fossés*
fut nivelée et plantée pour la première fois
en 1745 , sous l'administration de Duclos-
Pinot. Ses successeurs ont continué d'em-
bellir encore ces boulevards, bordés dans
toute leur longueur de haies de charmilles
et d'une avenue d'ormes touffus.

A l'Ouest des *Petits-Fossés* descend le
val de *Cocherel*, avec ses gais jardins , où
des salles de bains publics sont établies
depuis plusieurs années, et ses petits chemins voilés de grands peupliers.

A l'Est , une multitude de kiosques, de
pavillons élégants , de jolies tonnelles , de
treillis chargés de rosiers , de vignes , de
chèvrefeuilles , décorent d'autres jardins
en terrasses posés sur les murs rajeunis,
entre les crevasses desquels croissent la
giroflée sauvage et la valériane rose.

Au milieu de cette luxuriante exhibition
végétale se détache en saillie la vieille *tour*

du Connétable, dont le couronnement, au lieu de soldats, porte aujourd'hui des arbres verts peuplés d'oiseaux chanteurs.

A mi-chemin de la promenade, voici, sur une colonne de granit, le buste en marbre du fils célèbre d'un chapelier dinannais, le beau Duclos, membre de l'Académie française et historiographe de France.

Au Nord, un tapis de gazon, de forme triangulaire, couvert d'un bouquet de rameaux ombreux, termine *les Petits-Fossés*, donne accès dans *les Vieilles Rues*, et de là sur la campagne.

La Porte de Brest, avec ses deux tours militaires, *la place Duclos-Pinot*, près de laquelle se vend, le jeudi, le bois de chauffage, et où se pressent, chaque matin, les voyageurs cherchant place dans les voitures correspondant avec les chemins de fer de Rennes, Saint-Brieuc et Saint-Malo, séparent les Petits-Fossés des Grands, indiqués devant nous par un escalier de pierre.

A gauche des *Grands-Fossés*, voici l'importante propriété dite des *Grands-Jardins*, sous ses rideaux de peupliers, près desquels bruissent les machines fumantes de l'industrie projetant sur le ciel bleu leurs colonnes de vapeur, et, un peu plus loin,

La Gare du Chemin de Fer.

La Gare du Chemin de Fer, construite à quelques pas des casernes de cavalerie et dans le voisinage immédiat de la ville, est fort bien située : il est seulement regrettable que la voie principale y conduisant soit tortueuse et insuffisante.

On avait rêvé une spacieuse avenue, passant au Nord de la Porte de Brest et aboutissant directement à l'intérieur de la cité ; mais, comme beaucoup d'autres, ayant parfois trop donné au *luxe*, — cette plaie de notre époque, — malgré l'indigence de sa caisse, la Municipalité dinannaise n'a pu fournir assez à *l'utile*.

Un groupe de démolisseurs continue, dit-on, à caresser le projet de renverser la Porte de Brest, pour arriver plus facilement à la Gare. Le remède serait pire que le mal ; en l'appliquant, on commettrait « un acte de vandalisme, » ainsi qu'on l'a écrit très justement.

Gravissons maintenant l'escalier accédant à

La Promenade des Grands-Fossés.

A droite, sur la nappe verte du *Pall-Mall*, viennent tour à tour jouer les petits enfants sous la garde de leurs gouvernantes, et les troupeaux brouter l'herbe tendre sous le fouet du berger.

Ce préau du *Pall-Mall,* à l'angle duquel croulent les restes de *la tour Saint-Julien*, détruite par une explosion de poudre en 1597, faisait autrefois partie des fossés de la place, et se trouve encore aujourd'hui compris dans la dénomination générale de *Grandes-Douves,* sous laquelle on désigne tous les terrains bas situés au pied des anciennes fortifications.

La seconde tour que nous apercevons est *la tour de Lesquen.*

A quelques pas, à gauche, voici les routes du joli bourg de *Ploubalay*, des châteaux historiques de *la Garaye,* de *la Coninnais* et du *Bois de la Motte ; le Cimetière communal de Dinan* et *la Vallée Douce.*

La construction moderne qui s'offre

maintenant à nos regards est *la Salle d'Asile*, édifiée sous la bienfaisante administration de M. Joseph Le Sage, nommé maire de Dinan vers la fin du règne de Louis-Philippe, et qui continua de remplir ces fonctions honorables durant les premières et difficiles années de la République de 1848. Deux à trois cents enfants trouvent chaque jour à la Salle d'Asile les soins des bonnes Sœurs de la Sagesse, le pain d'une généreuse assistance, et les enseignements de la religion. De pareils établissements font honneur à notre époque et à nos cités.

Le Couvent des Dames de la Sagesse est situé derrière la Salle d'Asile, près de l'église Saint-Malo, à l'autre bout de *la rue Neuve*, que nous voyons s'ouvrir sous un bouquet de verdure.

La tour de l'Alloué, l'une des plus importantes de l'enceinte, est à quelques pas de la rue Neuve. Les douves qui sont à sa base ont été transformées en vergers où mûrit la pomme vermeille, dont le jus est si cher aux Bretons.

Les degrés d'un second escalier de granit, que nous allons descendre, vont nous

placer à l'embranchement de trois routes:
en face, voici *le Roquet*, aboutissant au
vieux quartier dit du *Jerzual*, dont la physionomie est fort curieuse et que nous
verrons plus tard ; à droite, *la porte Saint-
Malo* et *la rue de l'Ecole* ; à gauche, *la rue
Saint-Malo*, le faubourg du même nom, et
la route de Dinard.

Où porterons-nous nos pas ?

Il est, à droite du faubourg Saint-Malo,
une avenue ombreuse plantée de frais tilleuls s'avançant sur une espace de mille
mètres au milieu des champs couverts de
jardins, de blonds épis et des fleurs du
blé-noir. Si nous voulons lire ou rêver, si
nous voulons nous livrer aux douces cau-
series, choisissons de préférence cette
voie charmante, que l'édilité dinannaise
fit tracer de 1817 à 1822. Sous ce dais de
feuillée, que la Providence dresse au temps
des primevères, le gai pinson jette à la
brise sa folle musique, le rossignol ses
délicieuses roulades, et nous ne pouvons
oublier la source précieuse qui s'abrite à
son extrémité, car, vous le savez déjà,
peut-être, l'avenue que nous allons parcourir n'est autre que celle de

La Fontaine des Eaux Minérales.

La Fontaine des Eaux Minérales proprement dite est une toute humble source, élevée d'environ dix-huit mètres au-dessus des eaux des basses marées ; elle était cachée timidement naguère sous un édifice si modeste en sa rustique architecture, qu'un maçon quelque peu expert dans l'art de superposer les pierres avait pu, sans trop se gêner, le construire en un jour. On y descendait par un escalier de quatre marches, au pied duquel la bienfaisante naïade épanchait sans bruit ses ondes. Aujourd'hui, une pompe placée dans un petit monument situé au bout de l'allée principale, et que la statue de la Santé pourrait surmonter, distribue aux buveurs l'eau précieuse, ainsi que cela se pratique à Vichy. A gauche est un moulin dont le tic-tac réjouit la solitude ; à droite, la salle où, dans les beaux jours, se forment les quadrilles et les valses rapides, aux accents du violon sonore.

Cependant, sous l'enveloppe excessivement simple qu'on s'est plu à lui donner,

la Fontaine des Eaux Minérales de Dinan
récèle les trésors ferrugineux les plus
renommés de tout l'Ouest de la France ; (1)
ainsi souvent le mérite se cache sous un
extérieur modeste. Les Busson, les Duha-
mel, les Fanoix, les Monnet, les Chiffoliau,
les Bigeon, et bon nombre d'autres habiles
docteurs, ont analysé depuis cent ans les
propriétés de cette source. Tous ont reconnu que si ces Eaux ne possèdent pas la mer-
veilleuse efficacité de celles de Jouvence,
elles ont du moins des qualités très salu-
taires : salines, légèrement gazeuses, d'un
jaune irisé, elles sont fondantes, apériti-
ves, stomachiques, emménagogues, et
conviennent particulièrement aux personnes affaiblies, aux estomacs fatigués,
elles débarrassent les organes de la diges-
tion, activent la circulation, chassent la
bile, les sérosités, les glaires, régularisent
toutes les sécrétions, rendent l'appétit.

En voilà plus qu'il n'en faut, me semble-
t-il, pour engager les buveurs à en user.

Dans ces derniers temps, un savant
professeur, M. Malaguti, de la Faculté de

(1) Manet, *Histoire de la Petite-Bretagne.* —
Habasque. *Notions Historiques.*

Rennes, plus tard recteur de l'Académie à la même résidence, faisant l'analyse des Eaux Minérales de Dinan, y a reconnu « des substances qui n'avaient jamais été » entrevues, telles que la lithine, l'arse- » nic, l'acide phosphorique, les carbonates » alcalins. » (*Analyse*, p. 19.)

Un des médecins les plus distingués des hôpitaux de Paris, M. le docteur Fremy, à l'appréciation duquel M. Flaud, maire de Dinan, avait soumis les Eaux Minérales de cette ville, écrivait le 5 mai 1863 à M. le docteur Piedvache, médecin-inspecteur :

« Monsieur le Maire de Dinan m'a expé- » dié à l'hôpital Beaujon une certaine quan- » tité de bouteilles d'eau minérale natu- » relle de Dinan, et, pendant quatre à cinq » mois, je les ai administrées dans mes » salles d'hôpital.

» La composition chimique de ces eaux » m'avait d'autant plus séduit que je suis » très partisan des préparations arseni- » cales, sur lesquelles il m'a été donné de » faire des expérimentations très con- » cluantes comme agent reconstituant. » L'association du fer avec le sel arseni- » cal m'a paru devoir être une circons-

» tance des plus favorables et des plus
» rares (car je ne sache pas qu'il existe
» beaucoup d'eaux renfermant des quan·
» tités appréciables d'arseniate de fer). Un
» succès des plus complets a répondu à
» mon attente. J'ai administré l'eau de
» Dinan dans les cas de chlorose, d'ané-
» mie, de purpura, dans les convalescences
» de maladies graves, où l'action de ces
» eaux si reconstituantes pouvait me don-
» ner une indication nette et positive. Non
» seulement l'effet a été certain ; mais
» l'amélioration a été rapide. Aucun cas
» de chloro - anémie n'a résisté à leur
» action, et je n'ai qu'un regret, c'est de
» ne pas avoir eu assez de ces excellentes
» eaux pour pouvoir augmenter le nombre
» des cures que j'ai pu faire. »

On a vu maintes fois de tristes étrangers, débiles et malingres à l'arrivée, recouvrer une santé parfaite après avoir fait usage des eaux minérales de Dinan durant quelques mois ; des jeunes filles, s'étiolant par suite d'une existence trop sédentaire, ont retrouvé près de cette fontaine la fraîcheur des roses. Aussi, chaque année, les eaux de Dinan sont-elles fréquentées. Leur tem_ pérature moyenne est, dans la saison , de 12 à 18 degrés Réaumur.

Rien de plus agréable, d'ailleurs, que cette promenade à l'ombre des marronniers, des platanes, des acacias, du mélèze et des sycomores étagés au versant de la vallée qui descend doucement à la Fontaine. Sous les milliers de branches courbées en arceaux légers sur nos têtes, le merle siffleur dit sa brève chanson ; en bas, la cascade roule écumante sur son lit rocheux ; mille senteurs balsamiques y parfument l'air ; la feuillée de tous côtés y verse l'ombre. Plus loin, à la marge des champs et des bois, les chaumières dressent leurs toits paisibles : dans les herbes humides de la prairie, la vache lente broute le gazon choisi, tandis que la chèvre et le mouton se suspendent aux coteaux voisins : que la voix des pâtres retentit dans les coulées, et que le laboureur, content, cueille les fruits de son verger : tout vit, tout aime, tout chante au milieu de ce charmant paysage encadré de vallons dont les reliefs sont décorés, ici, de lignes multipliées d'arbres verts ; là, de rochers chargés de mousse ; ailleurs, de riches cultures, et couronnés de villas assises dans le bocage comme de blanches figures de l'antique mythologie. Les Charmettes de Jean-Jacques, la grotte des Aigles de Jocelyn n'eurent jamais rien de plus poétique que cette heureuse campagne, rafraîchie contre les ardeurs de l'été par les ondulations d'une mer de feuillages, défendue contre les vents d'hiver par ses hauts sommets et son manteau de grands châtaigniers.

« Riants coteaux, » écrivait sur l'écorce d'un de ces arbres un Espagnol prisonnier de guerre à Dinan en 1814, « ô vallées enchanteresses de Dinan, vous ne sauriez sans doute me faire oublier l'image de la patrie absente, mais vous captivez, sous la puissance de vos charmes, les tristes heures de l'exilé ! »

« J'ai sans doute vu des pays d'un aspect plus grandiose, disait un général célèbre (le maréchal Soult), (1) mais jamais aucun d'une grâce plus attachante, et qui flattât davantage l'œil. »

Le Chapitre de Saint-Malo était jadis seul possesseur de ce joli vallon des Eaux,

(1) *Souvenirs de M. Néel.*

qu'il voulut bien , sur l'avis des Etats de Bretagne, céder à la ville de Dinan en 1766. On y arrivait péniblement, par un chemin raboteux et presque impraticable.

En 1767 , le terrain fut aplani, de belles allées plantées d'ormes furent tracées à ses abords, et dès lors la Fontaine salutaire acquit une certaine notoriété.

Une avenue carrossable , ouverte aux abords de la Fontaine par les soins généreux de M. Flaud, ancien maire de Dinan, aboutit d'un côté à la Rance , de l'autre à la route de Dinan à Dinard , près du château de la Coninnais ; elle permet ainsi aux malades d'y arriver sans fatigue. Nous suivrons cette dernière voie, dite *l'Avenue Flaud*, dans l'excursion que nous ferons demain à *la Coninnais* et aux *Ruines de la Garaye*.

DEUXIÈME PROMENADE.

L'excursion que nous avons projetée hier nous ramène forcément dans la direction du faubourg Saint-Malo. C'est le seul chemin qu'il convienne de suivre pour arriver facilement au but que nous nous proposons d'atteindre.

Si vous craignez la fatigue, nous avons sous la main « les excellents ânes » de Mlle Santier, de Mme Salmon . et autres ; mais notre course ne devant être que de cinq ou six kilomètres, aller et retour, peut-être n'y aura-t-il pas lieu de recourir pour aujourd'hui à cette monture illustrée par Sancho Pança.

Après avoir dépassé les dernières maisons de ce pauvre faubourg , habité en partie par de laborieux tisserands , nous voici à l'embranchement de deux routes ; une croix s'élève à leur point de bifurcation. Laissant à notre droite le religieux emblème et la voie poudreuse sur laquelle courent les messagers de Dinard, pénétrons dans le chemin creux qui descend à gauche, vers ces massifs ombreux dont l'agencement décèle, au premier aspect, une noble demeure. C'est sous cette couronne champêtre que s'abrite

Le Château de la Coninnais.

Le Château de la Coninnais, sis à un kilomètre environ de la ville, au Nord-Ouest, fut construit vers le quinzième siècle, sur la pente du vallon dont il porte le nom. Coquettement assis sous un voile d'arbres verts, au bord d'un petit étang poissonneux et d'une belle prairie, dans le voisinage de la grande route de Dinan à la mer, c'est une des habitations les plus pittoresques du pays : la sveltesse de ses formes, ses tourelles en pointes comme les clochers rustiques de nos églises bretonnes, s'harmonisent bien avec l'ensemble gracieux du paysage dont il est l'ornement majeur.

L'entrée principale est décorée de cariatides au-dessus desquelles on voyait, avant 1793, un écusson armorié.

Un joli pavillon fleuronné, style de la Renaissance, dresse sa flèche ardoisée tout près de la porte de la cour. — Plus loin, c'est une madone en pierre, enveloppée dans les rudes plis d'une draperie qui rappelle les débuts de l'art. — Ailleurs, le ciseau du statuaire a orné le bord du chemin d'une tête de saint Pierre énergiquement taillée. — Enfin, des jardins en amphithéâtre, d'agréables bosquets, contribuent encore à faire de ce domaine une véritable oasis.

C'est là que les de La Vallée et les Duchâtel, seigneurs de la Coninnais, venaient, après les jours de guerre, goûter un repos mérité. L'immortel Tanneguy Duchâtel, le héros d'Azincourt, successivement prévôt de Paris, gouverneur de Provence, ambassadeur à Rome, fut l'un des aïeux de cette noble maison.

L'intérieur du château de la Coninnais n'est pas moins remarquable que l'extérieur : ses vastes salles sont tendues de lambris habilement travaillés ; enrichies de tableaux historiques de plusieurs époques, qui révèlent le bon goût des châtelains et l'amour de l'art.

D'ici aux ruines vers lesquelles nous irons tout-à-l'heure, on compte un kilomètre à peine.

En quittant le joli castel, passons sur la grande route qui s'étend à notre droite. Après une marche de quelques minutes, nous arriverons au village du *Petit-Paris*, situé sur la gauche, et nous serons bientôt en présence des

Ruines de la Garaye.

C'est par une belle vesprée de septembre, alors que souffle le vent d'automne, et que les feuilles jaunies, se détachant des rameaux, sont emportées en pâles tourbillons à travers la campagne attristée, qu'il faut visiter *les ruines de la Garaye.*

Une double avenue de hêtres, longue de trois cents mètres au moins, s'étend en avant des restes de l'élégant castel du quinzième siècle ; le saule et le sureau poussent dans les douves abandonnées ; le pommier croît dans les cours ; l'herbe couvre le sommet des colonnes qui marquaient l'entrée du noble manoir, illustré par le triple éclat de la fortune, de la poésie et de la bienfaisance.

Un pas encore. Entrons dans ce verger fleuri de roses, de lis et d'œillets, dont les douces senteurs embaument ce cadavre gisant de l'opulence évanouie. Nous voici en présence des ruines vénérées.

O grandeurs humaines ! fêtes somptueuses qui remplissiez jadis de mille bruits heureux les salons splendides du très riche et très puissant gentilhomme Claude-Toussaint Marot, chevalier-seigneur-comte de la Garaye, baron de Blaizon, vicomte de Chemillers, de Beaufort et de Taden, seigneur de la Cour-d'Aval, de Fleuré, de Lasse-Jambe et autres lieux, commandeur et grand hospitalier de Notre-Dame-du-Mont-Carmel et de Saint-Lazare de Jérusalem, Béthléem et Nazareth ; plaisirs sans trève, que reste-t-il de votre passage en ces lieux ?... Les hiboux et l'orfraie sont les seuls êtres dont les voix répondent maintenant à la voix du vent qui pleure durant les longues nuits entre les pans déserts de ces murs désolés ; la ronce sauvage et l'ortie enveloppent comme d'un suaire lugubre le sol jonché de débris ; le lierre partout vainqueur étend ses luisants réseaux de la base au faîte du monument, il envahit à la fois chaque seuil et chaque fenêtre, comme la soldatesque d'un despote cruel ferait d'une place conquise. Hélas! le despote, ici c'est le temps, qui n'épargne rien.

Si, Dieu le veut! quelque chose survit aux siècles, à l'oubli : c'est le souvenir des bonnes actions accomplies... — Ces ruines, dont chaque heure emporte un lambeau sous les hautes herbes, disparaîtront bientôt pour toujours; mais la mémoire de Claude-Toussaint Marot de La Garaye et de sa vertueuse compagne restera populaire et respectée, car « *la bienfaisance rend immortel,* » et nul mieux que ces époux ne sut réaliser la pensée de Celui qui a dit : « *Aimez-vous les uns les autres* » et qui par le monde allait faisant le bien.

Aux fêtes splendides que nous venons de dire, à la vie sensuelle, au hallali des grandes chasses à travers les bois et les champs dévastés, aux folles joies qui signalèrent les premières années de l'union du chevalier de La Garaye avec Mlle Marie-Marguerite de La Motte-Picquet, succéda une autre existence.

Le malheur, qui frappe aux portiques des châteaux comme à l'huis des pauvres chaumières, vint troubler le jeune couple au milieu des plaisirs ; une chute de cheval brisa chez Mme de La Garaye les tendres espérances de la maternité ; puis ce fut un frère bien-aimé que la mort vint glacer sous ses yeux.

Un religieux de Saint-Jacut, dit à cette occasion un auteur, priait agenouillé près du cercueil du cher décédé. « Frappé de son air calme, M. de La Garaye s'écria dans son désespoir :

« — Ah ! mon père, que vous êtes heureux de ne plus rien aimer sur la terre !

» — Vous vous trompez, mon fils, répondit le religieux, d'une voix émue, j'aime tous ceux qui souffrent ; mais je me soumets aux volontés de Dieu, et, à chaque coup qu'il frappe, je courbe la tête avec résignation. »

Le sensible gentilhomme médita longtemps sur cet entretien et resta convaincu qu'il n'y a de bonheur possible que dans la pratique de la vertu, dans la fraternité chrétienne, la seule vraie.

A quelque temps de là, si nous en

croyons une légende populaire dans le pays dinannais, Marot de La Garaye fut pressé plus vivement encore de rentrer dans la voie du bien.

C'était par un soir d'hiver ; la neige couvrait la campagne solitaire ; le noble seigneur revenait d'une longue chasse. Il avait à peine fait quelques pas dans la grande avenue, lorsqu'il se vit en face d'un cavalier blanc « tout en feu, » monté sur un cheval également étincelant de flammes étranges. Le mystérieux personnage dit au chasseur alerte, grandement impressionné d'une telle apparition :

« — Comte de La Garaye, si tu veux être heureux, cesse cette vie frivole ; fais servir au soulagement des pauvres les barriques d'or et d'argent qui sont dans les caves de ton château, et Dieu t'accordera de longs jours de félicité dans ce monde et dans l'autre. C'est ton parent et ton ami, mort il y a peu de temps dans tes bras, qui vient te donner cet avertissement. »

Et le brillant cavalier disparut avec sa monture.

Ceci se passait vers 1710. Claude de La Garaye était alors âgé de 36 ans.

Le chasseur attardé rentra fort ému au château, et dès ce moment toute joie mondaine en fut bannie.

Peu de temps après, résolu désormais à consacrer le reste de sa vie, ses connaissances variées et son activité au service des malheureux, il quittait momentanément la Bretagne, et s'initiait aux sciences médicales, chirurgicales, chimiques et pharmaceutiques, près de la Faculté de Paris. Ses progrès furent très rapides. Dans le même temps, la comtesse de La Garaye faisait à l'Hôtel-Dieu une étude spéciale de toutes les maladies de l'œil, et acquérait des connaissances précieuses dans cette branche intéressante de la chirurgie, connaissances qui lui permirent plus tard d'aborder avec succès la délicate opération de la cataracte.

Après un noviciat scientifique de trois années dans la sainte carrière du dévouement, qui devait porter leur nom à la postérité, ces dignes époux, heureux du bien qu'ils allaient répandre, revinrent à la Garaye ; ils fondèrent un hospice dans les vastes constructions que nous voyons à l'Ouest du château et qui servent aujourd'hui de bâtiments d'exploitation aux mé-

tayers de la ferme voisine. Plusieurs prati-
ciens et chirurgiens habiles furent attachés
à cet établissement de charité, qui compta
jusqu'à vingt-huit élèves en médecine,
parmi lesquels on a cité le docteur Bagot,
ancien maire de Saint-Brieuc.

Enfin, bientôt les portes de l'asile des
souffrants s'ouvrirent à tous les malades
pauvres, à tous les malheureux infirmes de
la contrée, et l'on vit la riche châtelaine,
comme les plus humbles filles du glorieux
Vincent-de-Paul, penchée de préférence au
chevet des plus affligés, verser sur leurs
plaies le baume réparateur, et dans leurs
âmes les consolations divines.

Ce n'est pas tout. Après avoir assuré une
retraite aux malades indigents, le philosophe chrétien voulut guérir d'autres maux.
En ce temps-là, plus que dans le nôtre
encore, le paupérisme déchirait les populations sous sa serre cruelle, le travail était
plus rare, moins rétribué. Il établit sur les
terres incultes de son fief toute une colonie
de travailleurs pauvres, et sous leurs mains
naguère inoccupées et tendues à l'aumône,
ces champs bénis de la Providence se cou-
vrirent en quelques années d'épis nourri-

ciers, de grasses prairies. Par les mêmes hommes. des digues furent opposées à la mer envahissante dans le pays de Saint-Suliac, où des salines purent être établies.

Cependant le retentissement des belles actions du couple bienfaisant parvint jusqu'à la cour du roi Louis XV, qui voulut le connaître personnellement. Le monarque, homme de cœur, malgré les faiblesses que l'histoire lui reproche, encouragea de tout son pouvoir les beaux exemples de charité donnés à la France par ces nobles époux. Le comte de La Garaye, que Monthyon eût honoré de toutes les couronnes de la vertu, fut mandé à Paris, où il reçut des mains royales la croix de l'ordre de Saint-Lazare, avec une somme de 50,000 livres, et un contrat de 25,000 livres sur les postes.

Son dévouement grandit avec ces ressources nouvelles. On le vit successivement fonder à Dinan *l'hôpital des Incurables*, dont il confia la direction à Mlle Collin du Vaulembert, et instituer à Taden la maison religieuse des *Filles des Ecoles Charitables*.

M. Cathenos, ancien recteur et maire de Taden, ancien administrateur du district de Dinan , a écrit *la Vie de Monsieur et de Madame de La Garaye*. Il fait ainsi la description de la seigneuriale demeure au dix-huitième siècle :

« C'était alors, dit-il, un magnifique château, à une demi-lieue de Dinan ; il y avait de superbes et délicieux jardins, où des arbres sans nombre portaient des fruits exquis ; il était orné de bois antiques ; de belles et spacieuses avenues y conduisaient ; il dominait sur une vaste prairie et sur plusieurs pièces d'eau ; tout rendait ce séjour agréable. Les campagnes retentissaient du cri des chasseurs, du bruit des cors, de l'aboiement des chiens. D'autres fois, dans les mauvais jours, la compagnie jouait au billard, au mail, à tirer aux oiseaux. Les deux époux avaient l'un et l'autre tout ce qu'il faut pour s'attacher au monde et s'en faire aimer : puissance, jeunesse, talents, enjouement, richesses, affabilité, table toujours bien servie ; aussi accourait-on de toutes parts à La Garaye.

» Mais, » continue le bon abbé, « il se fit bientôt un grand changement : M. de La Garaye abandonna le siècle, dont il était l'ornement, dans un temps où le monde ne cherchait qu'à le flatter et à encenser même ses défauts ; il se fit le consolateur, le serviteur et le médecin des pauvres. On le vit, dans une année de disette (1710), vendre jusqu'à son argenterie pour secourir plus efficacement les malheureux. »

La renommée de vertu du couple pieux devint bientôt si grande, que l'on accourait à La Garaye des extrémités du royaume, voire même de l'étranger. Une très riche dame anglaise, entre autres, Lady Thompson, admirant un si bel exemple, s'unit aux époux charitables dans leur dévouement pour les malades, qui venaient de tous pays chercher en ces lieux la santé.

L'auteur que nous venons de citer parle avec détails de la vie édifiante des nobles châtelains, devenus volontairement les infirmiers des déshérités de la terre.

« M. de La Garaye, » dit-il, « se levait au milieu de la nuit, comme le plus humble médecin de campagne, chaque fois que les pauvres de son hôpital avaient besoin de ses services. »

Dans les beaux jours, il était debout dès quatre heures et demie du matin, un peu plus tard en hiver. Il commençait la journée par travailler dans son cabinet ou dans son laboratoire ; à sept heures, tous les hôtes de la Garaye s'assemblaient autour de ce modèle des bons maîtres, pour adresser à Dieu leurs prières en commun. Il pansait ensuite les pauvres, allait entendre la messe, puis venait déjeuner. Après le déjeuner, il s'occupait d'expériences scientifiques, visitait l'hôpital à onze heures, faisait dîner en sa présence ses intéressants pensionnaires, et prenait après eux un repas frugal. Le dîner fini, on le voyait causer familièrement avec ses ouvriers ou chasser. A quatre heures, il revenait panser les malades. Le souper avait lieu à huit heures, et l'on ne manquait jamais de faire une lecture pieuse durant chaque repas. A neuf heures et demie, tout rentrait dans le silence. Les exercices de la journée étaient régulièrement annoncés par le son de la cloche.

Le dimanche et les jours de fêtes, M. de La Garaye exhortait lui-même les malades et les gens de sa maison. Ses instructions, puisées le plus souvent dans l'Evangile, avaient d'autant plus d'autorité, qu'il prêchait surtout d'exemple. Il marchait, dans les processions, en compagnie de M. de La Cigonière , chantant humblement les hymnes de l'Eglise et les saints cantiques avec les villageois.

Deux faits entre mille donneront la mesure du large esprit de bienfaisance du châtelain catholique , du généreux hospitalier.

En 1720, au temps de la terrible peste de Marseille, alors que les habitants mouraient chaque jour par centaines, il offrit au célèbre archevêque de cette ville , Mgr de Belzunce , le secours de ses connaissances et de son dévouement personnel.

En 1747, la guerre ayant éclaté entre la Grande-Bretagne et la France, deux ou trois mille prisonniers anglais furent enfermés dans le château de Dinan, où leur entassement, joint à l'insuffisance des soins qu'ils recevaient, donna lieu bientôt à une maladie contagieuse. Alors que l'épidémie sévissait avec plus d'intensité, que médecins et religieuses périssaient à la tâche, M. de La Garaye se fit le sauveur de ces infortunés.

Ce dernier trait est de l'héroïsme ; aussi les patriotes anglais en furent-ils vivement émus. On raconte à cette occasion qu'un milord, voulant témoigner sa reconnaissance à M de La Garaye, lui envoya six chiens magnifiques, sous la conduite d'un piqueur. La reine Anne y joignit deux autres chiens portant collier d'argent.

Cette vie de bienfaisance dura quarante-cinq années.... M. de La Garaye mourut âgé de quatre-vingts ans, le 2 juillet 1755. — Quand l'heure suprême sonna, il était assis dans un fauteuil et semblait dormir ; il leva doucement les yeux au ciel, poussa un profond soupir, et s'éteignit dans le calme de ses bonnes œuvres :

Sa mort fut le soir d'un beau jour.

On voit aujourd'hui dans le petit cimetière de Taden deux tombeaux de modeste structure appuyés au mur de l'église rustique. L'un porte cette inscription :

CY GIT LE CORPS
DE MESSIRE CLAUDE-TOUSSAINT MAROT,
CHEVALIER COMTE DE LA GARAYE,
DÉCÉDÉ LE 2 JUILLET, EN SON CHATEAU.
1755.

L'autre est celui de la digne compagne des bons et des mauvais jours de ce consolateur des affligés.

M. de La Garaye publia un *Traité de la Chimie Hydraulique*, et fit plusieurs découvertes en pharmacie, parmi lesquelles on cite particulièrement *les sels de La Garaye*.

Telle fut l'existence de cet homme de bien.

C'est à bon droit, on le voit, que le penseur s'incline devant *les ruines de la Garaye*, que le poète vient y rêver, que l'artiste en retrace le croquis sur son album, et que l'étranger les visite. Il est de plus anciens et plus curieux monuments dans l'arrondissement de Dinan ; mais il n'en est aucun qui rappelle de plus touchants souvenirs.

En revenant de la Garaye vers la route de Dinan à Dinard, nous nous trouvons à cinq ou six kilomètres au plus d'un monument druidique renommé dans le pays. Ayons, si vous le voulez bien, le courage de pousser jusque-là notre excursion.

Ce monument est désigné sous la vulgaire appellation de

La Pierre-Longue de St-Samson.

(MENHIR.)

Sur notre chemin, à droite, nous remarquerons *le château de Carheil* et sa jolie ceinture végétale. Cette propriété appartient à la famille de Cadaran. Le chemin vicinal qui s'ouvre tout près, à l'angle du bois, est celui qu'il faut suivre pour arriver au bourg de Saint - Samson , composé d'une douzaine de feux.

Un peu plus loin , près du château moderne de la Tiemblaye, se penche *la pierre longue* dont nous venons de parler , mesurant dix à quinze mètres.

Quelques pas encore , le long des sentiers étroits de deux champs en culture, et nous voici devant le *menhir*, se détachant au bord de la clairière, sur un fond de feuillages , comme un tronc d'arbre battu par la tempête et à demi - renversé. Les âges l'ont vêtu d'un triste habit de lichens grisâtres ; mais la jeune et féconde nature l'ombrage et le couronne en toutes saisons de branches de sapins verts , comme pour consoler les mânes des vieux druides , qui viennent , aux heures sombres , soupirer avec le vent des nuits autour de cet antique monument qui leur survit dans la solitude bretonne.

Ce même lieu de la Tiemblaye fut le berceau d'un écrivain du nom de Hingant ;

outre plusieurs ouvrages d'économie agricole, il a laissé un livre intitulé *le Capucin*, peu recommandable, d'ailleurs, à divers points de vue.

Maintenant, il se fait tard ; rejoignons, s'il se peut, l'omnibus de Dinard à Dinan pour revenir à la ville. Nous visiterons demain, dans une troisième promenade, le *Parnasse*, *les ruines du Château-Fort et de l'Abbaye de Léhon*, etc.

TROISIÈME PROMENADE.

L'excursion à laquelle nous vous convions aujourd'hui est l'une des plus intéressantes que nous puissions vous proposer, sous le rapport des sites et des monuments.

Partant de *la place Du Guesclin*, suivons *la rue du Château*, passons sous *la porte Saint-Louis*, ouverte à notre droite, et descendons le long du chemin dit du *Haut-Bourgneuf*, bordé, d'un côté, par de jolies maisons bourgeoises coquettement assises au milieu des jardins et des ombrages ; de l'autre, par un mur qui nous dérobe la vue de fertiles campagnes.

Nous verrons, chemin faisant, le Cercle Catholique, construit en 1877-1878, et surmonté d'une jolie statue de Jésus-ouvrier. C'est, sans contredit, l'un des plus beaux établissements de ce genre existant en Bretagne.

Deux petits sentiers pierreux étendent au bout de cette voie leurs nappes grises et rudes, où pullulent la ronce et l'ortie.

Celui qui s'abaisse à gauche, vers les vallées de la Rance, aboutit à la colline pittoresque que l'on désigne dans le pays, peut-être un peu ambitieusement, sous le nom pompeux de :

Le Mont-Parnasse.

Les Muses divines, aux âges reculés, quittant les doux abris de la Phocide, ont-elles visité dans le cours de leurs voyages, en la compagnie d'Apollon ou du vieil Homère, nos charmants vallons dinannais ? Le beau nom de *Parnasse* que portent ces coteaux serait-il un souvenir de leur passage en ces lieux ? Nos savants antiquaires ne se sont point encore prononcés là-dessus. Un gai chansonnier a dit seulement :

> A l'art de Virgile et d'Horace,
> Avez-vous des prétentions ?
> Venez sur notre *Mont-Parnasse*
> Chercher des inspirations....

Ce qu'il y a de certain, c'est que ce paysage du *Parnasse* est tout plein de poétiques enchantements, d'harmonieux murmures, et nous doutons que la Grèce antique ait eu beaucoup de sites plus dignes d'être offerts à ses dieux.

Contemplons un instant ce tableau, que n'eût point dédaigné le pinceau de Zeuxis. Au nord, dominant les vallons couronnés de vergers, de vieilles tours, de vertes pelouses en amphithéâtre, de massifs de feuillages gracieusement étagés, s'élève la cité dinannaise avec ses clochers dessinant leurs flèches aiguës sur l'azur du ciel; ses remparts croulant parmi les herbes; ses maisons blanches et ses pavillons régnant sur les lilas, les chèvrefeuilles, les prés, les bois et les champs fertiles où chantent l'alouette matinale et le rossignol. Le pommier, l'orme, le peuplier, le marronnier, le frêne, font de leurs rameaux pressés une tente agreste à l'enfant qui joue dans les fleurs, à la chèvre suspendue aux aspérités de la montagne, au laboureur courbé sur les guérets.

Mais nous ne sommes point ici sur *le Mont* proprement dit. Un pas encore, et nous y arrivons.

Une étroite allée, bordée de sapins et d'ormes, marque l'entrée du *Parnasse*. A gauche se dressent le viaduc, l'église de Lanvallay, puis d'énormes rochers, deux fois plus haut que les cimes les plus élevées des peupliers noirs plantés au fond du *val des Noyers*.

Plus près, en face, le regard se repose sur des mamelons découpés en sillons et chargés de taillis frais, sur des lignes infinies de jeunes arbres pleins de sève. On dirait d'innombrables fûts de sveltes colonnes disposés capricieusement par la main du Grand Architecte autour des collines qui semblent s'être donné là rendez-vous et bondir ensemble avec les agneaux, comme les collines heureuses célébrées par le roi-prophète d'Israël.

La Rance baigne de ses ondes tranquilles, mais peu limpides, le pied du *Mont-Parnasse*. Parfois de gais promeneurs, redisant les chansons du pays, y plongent en cadence l'aviron, et la barque du riverain effleure lentement les eaux, dispersées plus loin en bruyante écume sur le déversoir de l'écluse de Léhon.

Le canal, construit à grands frais, n'est guère fréquenté que par les lourds chalands des mariniers du terroir, qui transportent à Rennes ou en rapportent les produits de l'agriculture : grains, pommes , bois, charbons, engrais, etc., remorqués par de maigres chevaux.

Avançons de quelques pas vers la délicieuse villa dite du *Parnasse*, que voici à notre droite, et que surmonte l'image d'Apollon. Ce serait du kiosque et des jardins en dépendant qu'il faudrait pouvoir admirer ce panorama pour en saisir toute la grâce mélancolique, tous les contrastes harmonieux.

Après avoir promené vos regards de cime en cime, de coteau en coteau, de rocher en rocher, vos yeux s'abaisseront tristement sur une agglomération de maisons de pauvre apparence, perdues au fond de la vallée : c'est le bourg de *Léhon*.

Nous apercevons d'ici les ruines de la célèbre abbaye dotée par Nominoé ; les tours rasées de l'antique château-fort des princes de Bretagne, au milieu desquelles s'élève aujourd'hui une petite chapelle dédiée à saint Joseph, à laquelle nous vous conduirons bientôt.

Vis-à-vis, sur la hauteur, à l'Est, voici un moderne manoir, *le château de Beauvais,* dont l'histoire serait tout un roman : puis les futaies du *Chêne-Ferron*, les avenues de *Pont-Perrin*, les riches étendues où, chaque année, la main de Dieu verse l'abondance : puis, enfin, à l'horizon brumeux, par-delà les prairies, les eaux, les champs et les bois, le pic de Bécherel, et l'ancien domaine de Caradeuc de La Chalottais, en Plouasne, limite Sud de l'arrondissement de Dinan.

On rêverait volontiers durant de longues heures, assis à l'ombre des acacias et des chênes du *Mont-Parnasse*. Mais ce monastère et cette citadelle du Moyen-Age dont nous venons d'entrevoir les débris sont tout peuplés d'antiques souvenirs ; nous devons saluer en passant leur lugubre majesté. Revenons donc sur nos pas, et, laissant Dinan à notre droite, suivons le sentier qui conduit aux

Ruines de l'Abbaye et du Château de Léhon.

Pour arriver à Léhon, il nous faut cheminer le long d'une voix scabreuse, praticable pour les piétons seulement, améliorée cependant depuis quelques années par la construction d'escaliers en pierre.

Nous ne vous parlerons ni de la pauvre église timidement assise près de la grande abbaye délabrée, ni du moulin, ni du vivier que possède le bourg actuel ; nous avons hâte de vous montrer le château-fort et le cloître qui firent jadis tant de bruit dans la contrée.

Là-haut, à votre droite, sur le monticule autrefois flanqué de huit tours formidables, une forteresse renommée dans les annales bretonnes soutint vaillamment le choc des armées ennemies. — Pendant plus de mille ans, elle dressa fièrement au bord de la Rance ses murailles altières, retentissantes des bruits du fer et de la voix des guerriers. Maintenant, tout est muet sur le pic désert ; on n'entend plus aux alentours que le chant des pâtres et celui de l'oiseau : le vieux géant féodal n'est plus qu'un maigre squelette dont chaque hiver emporte un fragment ; la ronce et la fleur sauvage habitent seules les ruines béantes.

Ne nous en plaignons pas. Au lieu de la place d'armes où s'élevait la redoutable citadelle gisante à cette heure sous les herbes, la croix triomphante projette son ombre pacifique sur le pays, et saint

Joseph est le doux *seigneur* auquel on vient maintenant rendre hommage sur ce sommet historique.

Le château de Léhon existait longtemps avant la ville de Dinan. Quelques auteurs prétendent que les Romains eux-mêmes occupèrent cette position. Il fut, à diverses époques, démoli et reconstruit.

En l'année 850, la guerre avait déjà ruiné en partie ses fortes murailles, et les religieux de l'abbaye obtenaient du roi Nominoé l'autorisation de se servir des matériaux pour élever leur église.

En 1034, deux princes du temps, le duc Alain III, comte de Cornouailles, et son frère Eudon, s'avancèrent l'un contre l'autre en ces lieux, et maint preux chevalier de Bretagne tomba dans la rude mêlée, devenue si terrible, au dire des chroniqueurs, que les eaux de la Rance, coulant à cinquante pas de là, furent rougies du sang des combattants.

En 1168, Henri II, roi d'Angleterre, vint en personne assiéger la fière citadelle. Certains historiens assurent qu'il la prit d'assaut ; d'autres affirment qu'il fut forcé de lever le siége, et qu'en se retirant, il brûla le bourg.

En 1353, Charles de Blois en était maître.

En 1379, le roi de France Charles V en confia la garde à Bertrand Du Guesclin.

En 1402, Raoul de Coëtquen, gouverneur de Dinan, fut investi du commandement du château de Léhon par la duchesse de Bretagne.

En 1642, les moines achetèrent, moyennant une redevance de 10 livres tournois, « ce qu'il pouvait y avoir de terres vagues et incultes au dedans et au dehors du vieil chastel de Léhon, contenant trois journaux six cordes, à charge de conserver les murs et de pouvoir démolir les tours. »

Cependant, deux ans plus tard, Charles Bruslard, seigneur de Léhon, concéda aux mêmes religieux « les matériaux, ruines et démolitions du vieil chastel de Léhon, le donjon étant au milieu d'icelui, et quelques restes de murailles étant encore sur bout, à charge aux Bénédictins d'employer lesdits matériaux provenant desdites démolitions aux réparations jugées utiles à faire au prieuré. »

Le donjon subsistait encore en 1677.

Enfin , en 1791 , le 28 mars, Reslou du Guémen vendit le château de Léhon « avec ses tours, glacis, éperons et autres dépendances. »

————

Ici s'arrête l'histoire du château de Léhon ; de ce monument militaire si redouté aux siècles de la chevalerie , bientôt il ne restera plus une pierre pour attester que là fut l'une des plus puissantes citadelles de la Bretagne féodale.

Cependant , émues par de patriotiques douleurs, des âmes d'élite pensèrent qu'un gracieux sanctuaire pourrait être ouvert aux âmes affligées sur le sommet où se dressa jadis le château-fort des ducs bretons , et le religieux édifice que vous y voyez à cette heure y fut érigé sous le nom de

La Chapelle
Saint-Joseph-de-Consolation.

Ce petit temple , élevé en l'honneur du saint patron de l'Eglise Universelle et du travail, est dû à la généreuse initiative de M. l'abbé Richard , ancien recteur de la paroisse de Léhon , secondé dans cette œuvre chrétienne par les libéralités de quelques personnes pieuses.

Le joli tertre sur lequel repose l'édifice fut gratuitement offert par Madame de Kersauson, dont le nom rappelle une des plus anciennes et des plus nobles familles de Bretagne.

Les Frères Hospitaliers de Saint-Jean-de-Dieu, dont le vaste monastère est situé dans cette même paroisse de Léhon, fournirent, gratuitement aussi, le beau granit qui servit à cette construction.

Plusieurs autres bienfaiteurs, dont les noms sont inscrits sur le tableau de la reconnaissance paroissiale et demeureront attachés à l'histoire de la chapelle Saint-Joseph-de-Consolation, ont pourvu ensuite au plus pressé.

Cette chapelle, commencée peu de temps après les désastres de la guerre de 1870, fut solennellement bénite par Mgr David, évêque de St-Brieuc et Tréguier, le dimanche 14 mars 1875, jour de la fête de la Passion de Notre-Seigneur Jésus-Christ.

Pour bien juger de tout le charme de ce modeste oratoire, il faut s'y rendre un jour de pèlerinage, alors que les longues lignes des fidèles, chantant des cantiques sacrés, gravissent processionnellement, croix et bannières en tête, oriflammes déployées, les poétiques sentiers du monticule, planté d'arbustes toujours verts.

La chapelle de Saint-Joseph-de-Consolation, si exiguës que soient ses proportions, deviendra certainement un sanctuaire très fréquenté... Qui ne souffre icibas ? Qui ne pleure ? Qui n'a besoin d'être consolé ?... Il semble que chaque pas fait vers cette chapelle assise sur la montagne et dédiée au saint Patriarche qui reçut l'Homme-Dieu à son humble et paisible foyer, est un pas de plus vers le ciel.

Descendons maintenant vers l'antique monastère illustré par les vertus austères du jeune et docte abbé Noël Mars (1604), et par la mort édifiante de dom Raissant, auteur ascétique distingué.

La voici, triste, morne, pantelante, ouverte à tous les vents du ciel, la vieille abbaye désolée, cachant les débris de sa splendeur sous un voile de lierre, de mauves et d'orties, comme une pauvre veuve courbée sous les douleurs.

Les ruines qui s'offrent tout d'abord à nos regards sont celles de la façade de l'église, d'architecture romane. Des arcs à plein cintre, bordés d'un cordon de dents de scie, reposent sur un assemblage de six colonnettes s'élançant de chaque côté de l'entrée principale. Dans la grande fenêtre géminée apparaît l'ogive naissante ; de hautes croisées jumelles, de belles arcades feintes, un magnifique vitrail artistement découpé décoraient l'édifice à l'extérieur et sont encore debout en partie.

A l'intérieur, tout annonce la dévastation, le deuil : l'autel est renversé, l'herbe pousse sur les parvis déserts, au milieu des tombeaux vides ; le pied se heurte aux clefs de voûtes brisées, aux décombres sans nom perdus sous les ronces. Rien, plus rien que le silence dans le sanctuaire autrefois réjoui par le chant des hymnes sacrées.

Une chapelle funéraire s'ouvre à droite, près de l'endroit ou s'élevait l'autel ; elle fut érigée au quatorzième siècle pour recevoir les restes de l'illustre lignée des Beaumanoir. La depouille mortelle du héros des Trente repose dans cet ancien oratoire, presque ignoré.

Toute une famille de statues : prélats,
guerriers, nobles dames, taillées dans le
granit tumulaire, peuplait naguère ces ruines. Afin d'en assurer la conservation, on
les a fait transporter au musée de Dinan.

Dans le cloître, le même spectacle de
délabrement frappe le regard : une galerie
de vingt arcades, enlacée de vignes, en-
cadre une cour carrée autour et au-dessus
de laquelle étaient rangées les monas-
tiques cellules.

L'abbaye de Léhon, fondée en 850, selon
dom Morice, eut à souffrir, comme le château, de la fureur des gens de guerre, qui,
trouvant là des provisions de toutes espèces, la mettaient volontiers à contribution.
Vers la fin du dixième siècle, notamment,
elle fut ravagée par les barbares du Nord.

Pourtant elle eut aussi ses beaux jours,
au temps des mœurs naïves et de la sim-
plicité rustique.

Jusque vers la fin du dix-huitième siècle, les jeunes gens qui se mariaient dans
la paroisse de Léhon allaient à cheval, en
grande cérémonie, devant les bons pères
du couvent : armé d'une longue perche en
bois, en guise de lance, le marié devait la

rompre contre l'écusson du monastère ; il donnait ensuite la main à son épousée et la présentait au supérieur de l'abbaye. La mariée dansait, puis chantait le tercet que voici :

> Si je suis mariée, vous le savez bien ;
> Si je suis à malaise, vous n'en savez rien :
> Ma chanson est dite, je ne vous dois plus rien.

« Vous devez encore à Monseigneur honneur, respect et *l'accolée*, » disait le sénéchal, qui ne manquait jamais d'assister à cette scène populaire, connue sous le nom de *la quintaine*. La jeune femme s'avançait alors vers le supérieur du monastère, qui, presque toujours, était un vieillard, et l'embrassait. Voilà seulement en quoi consistait un de ces fameux droits contre lesquels les ignorants et les malveillants crient si fort. Il n'y a vraiment pas de quoi.

En 1789, l'abbaye de Léhon n'était plus occupée que par six religieux. La Révolution les dispersa, et l'on vit le peuple, conduit par la bourgeoisie du temps, festoyer dans les salles abandonnées, s'y livrer à des danses échevelées, et souiller par l'orgie l'ancien asile du recueillement et de la prière.

8

Mais ne prolongeons pas démesurément notre station au fond du bourg de Léhon. Voici tout près deux charmants buts de promenades :

Le Château du Chêne-Ferron et les bords de la Rance.

Le château du Chêne-Ferron, comme l'ancien château de Léhon, est perché sur la chaîne des vallées de la Rance. Il n'a rien de la rudesse de son antique voisin : c'est une tranquille gentilhommière, posée à l'ombre des sapins et des grands châtaigniers, sur la mousse verte, et cependant il a l'honneur d'abriter un de ces officiers héroïques qui, sous le nom de *zouaves pontificaux*, à Rome, et sous celui de *volontaires de l'Ouest*, pendant la guerre contre la Prusse, versèrent tour à tour leur sang pour la Religion et pour la Patrie.

Des belles avenues du Chêne-Ferron, l'œil plonge avec ravissement sur les coulées, sur les lignes de peupliers plantés comme une colonnade sans fin au bord des eaux.

Rien de plus agréable qu'une promenade

aux rives de la Rance, par un de ces jours splendides de mai ou de juin, où la terre est prodigue de balsamiques émanations. Soit que vous montiez vers l'écluse de Pont-Perrin, soit que vous descendiez du côté des prairies de Léhon, vos yeux partout se reposent sur une végétation luxuriante, sur des paysages poétiquement accidentés , d'une fraîcheur de tons qui semble défier les plus habiles pinceaux.

C'est en suivant la voie sablonneuse tracée entre la rivière et les prairies de Léhon qu'il nous faut rentrer à Dinan. Vus d'en bas, les collines, les rochers, les cottages, les nappes verdoyantes que nous avons admirés du Parnasse ont de nouveaux charmes.

Enfin, arrivés sous les piles du viaduc, dont les arcades se dessinent sur le fond bleu du ciel, nous interrogerons en passant l'écho fidèle. Nous pourrons regagner ensuite la ville en gravissant les sentiers montagneux qui s'étendent du grand-chemin au mur Saint-Sauveur.

Demain, nous visiterons *l'Asile des Aliénés de Saint-Jean-de-Dieu et la Croix du Saint-Esprit.*

QUATRIÈME PROMENADE.

Nous avons promis hier de vous guider vers l'établissement considérable dirigé avec tant de sollicitude et de dévouement chrétiens par les Frères Hospitaliers de Saint-Jean-de-Dieu, dans la belle vallée dite des *Bas-Foins*. Il faut donc nous diriger vers la porte de Brest et le quartier des Rouairies. Nous verrons, chemin faisant, à droite,

Les Casernes de Cavalerie.

Les casernes de cavalerie, situées dans le voisinage des quartiers dits des *Rouairies* et de *Sainte-Anne*, sont construites en beau granit de la Pyrie : elles portent les noms de deux de nos grandes illustrations bretonnes. La caserne *Du Guesclin* fait face à la route Neuve de Brest ; la caserne *Beaumanoir* se trouve à droite du chemin de Sainte-Anne, non loin de la gare.

La ville de Dinan a sacrifié près d'un demi-million pour obtenir ces établissements, où sont logés un régiment de dragons et un régiment de hussards.

Nous voici maintenant au but principal de cette promenade :

L'Hospice des Frères Saint-Jean-de-Dieu,

POUR LES ALIÉNÉS.

Un jour de l'année 1834, deux ou trois Religieux Hospitaliers de Saint-Jean-de-Dieu, fatigués d'un long voyage, s'arrêtèrent au sommet de la vallée dite des *Bas-Foins*, en face de la ville de Dinan. Ils étaient à la recherche de terrains propres à un vaste établissement de leur ordre en Bretagne. Charmés par le riant panorama qui se déroulait à leurs regards, ils pensèrent que leurs chers malades ne sauraient être plus agréablement réunis qu'en ce lieu.

Quelques jours plus tard, ils acquéraient ce domaine, cédé à des conditions avantageuses par Mme veuve Le Sage.

Cet important Asile des naufragés de

l'intelligence, dit aussi des *Sacrés-Cœurs*, dont l'entrée principale s'ouvre à gauche de la route de Brest, à un kilomètre de Dinan, et que l'on est admis à visiter tous les jours, de deux à quatre heures de l'après-midi, les dimanches et fêtes exceptés, est desservi par soixante frères, qui, sous leurs capuchons noirs, sous leurs longues robes de bure, cachent de nobles cœurs, pleins d'une immense compassion, d'un dévouement sans bornes à l'humanité. Honneur à ces héros obscurs de la charité chrétienne, dont les actes pieux n'ont d'autre témoin que l'œil de Dieu !

Plus de six cents malades reçoivent les soins de cette généreuse phalange monastique. Il n'est pas rare, après quelque temps de séjour dans ce lieu de paix, de voir des aliénés recouvrer la santé, l'espérance, ressaisir le fil de leurs idées un moment rompu.

Aussi amène-t-on de toutes parts des pensionnaires à l'Hospice des Frères de Saint-Jean-de-Dieu ; chaque classe de la société compte quelques-uns de ses membres dans cette ambulance de la pauvre raison humaine, si orgueilleuse et si fra-

gile, hélas ! la chaire, le barreau, les lettres, les arts, la politique, la finance, four-
nissent leurs contingents à cette population que le monde repousse comme un
danger, quelquefois comme une honte ;
que la religion et la science accueillent
comme une famille !

Quelles tristes réflexions ne fait-on pas,
en visitant cette retraite, sur la fragilité
de l'esprit de l'homme, que Dieu développe
comme il lui plaît dans chaque individu,
mais qu'il brise aussi quand il le veut, en
lui disant comme à la mer : « *Tu n'iras pas
plus loin !* »

Le terrain compris dans l'enclos du
monastère des religieux de Saint-Jean-de-
Dieu est d'une superficie d'environ cinquante hectares, divisés en jardins spacieux, parterres, promenades, prairies,
cours, plantations offrant en été de bien-
faisants ombrages, pièces d'eau, etc.

Les édifices s'élèvent au versant d'une
colline, en regard de la ville de Dinan. Ils
consistent en un corps de bâtiment principal de cent mètres de longueur sur douze
de largeur, étendant de chaque côté ses

ailes sur un espace presque aussi considérable.

Dans l'aile droite, deux appartements,
longs de cinquante mètres, parfaitement
aérés, servant l'un de réfectoire, l'autre
de salle de récréation, ont été aménagés,
en 1856, pour les pensionnaires recom-
mandés ; la salle de récréation est pourvue d'un billard.

Une très remarquable église, récemment
édifiée, sur les plans d'un habile architecte,
M. Hawke, couronne de ses magnifiques
fleurons de granit l'asile vénérable fondé
dans notre province par les pieux conti-
nuateurs de l'œuvre immortelle de ce
grand ami de l'humanité dont l'Eglise
catholique a fait un saint, sous le nom de
Jean-de-Dieu.

De belles galeries couvertes déploient
leurs arcades multipliées aux abords des
bâtiments et sur les cours.

Outre ces lieux de réunion, bon nombre
de pensionnaires ont des chambres particulières dans lesquelles ils peuvent lire,
dessiner, faire de la musique, selon les
goûts de chacun, sous la garde d'un frère
qui, jour et nuit, comme le serviteur le

plus fidèle, le plus affectueux, se tient, dans une pièce voisine séparée, à la disposition de son malade.

Le médecin en chef réside aussi dans les dépendances de l'établissement, et, à toute heure, il vient, au besoin, apporter les secours de la science aux habitants de l'Asile.

L'Hospice des Frères de Saint-Jean-de-Dieu est une agglomération à part dans l'arrondissement de Dinan, agglomération possédant dans l'enceinte de ses murs son église, ses ateliers, son moulin, ses cultures, ses édifices agricoles, ses écuries, ses étables, peuplées des meilleures races, ses lavoirs, et jusqu'à son cimetière. On y entend les coqs vigilants saluer le lever de l'aube, les chevaux hennir, la vache beugler; le paon lui-même y fait pompeusement la roue, comme dans nos plus riches manoirs, et le bœuf y rumine, paisible. Tout cela donne à cet établissement une animation des plus favorables à la santé des hôtes de l'Hospice.

L'ordre parfait, la propreté complète qui règnent dans cette maison, la beauté des sites qui l'environnent, l'air pur qu'on y

respire, la patiente sollicitude des Frères,
sont autant de garanties d'adoucissement
au sort des malheureux que l'on y envoie,
et qui, quand vient le jour de la guérison,
en sortent pénétrés de la plus vive reconnaissance.

Sortons, nous aussi, de cet Asile si intéressant, si digne des respects dont il est
l'objet. Remontons vers la route de Brest,
et, longeant le mur d'enceinte de l'Hospice, à gauche, nous arriverons au pied de

La Croix du Saint-Esprit.

Cette croix granitique, d'un travail très
soigné, date du quatorzième siècle. Elle
est élevée de onze mètres et repose sur un
piédestal triangulaire. Elle est ornée de
motifs religieux taillés avec une légèreté
de touche remarquée de tous les amateurs.
Les sculptures à quatre faces surmontant
le fût de ce curieux monument sont surtout dignes d'observation. D'un côté, on
distingue l'Annonciation, le Couronnement
de la Vierge ; de l'autre, la Nativité ; ailleurs, la Vierge et son divin Enfant ; enfin,
le Crucifiement, et le Père Eternel éten-

dant ses bras sur le Christ expirant ; puis le Saint - Esprit , sous la forme d'une colombe, complétant, sur la quatrième face, l'image de la Sainte Trinité.

En 1359, l'armée du duc de Lancastre avait, dit-on, dressé ses tentes au village du Saint-Esprit ; la tradition populaire prétend même que l'érection de la Croix dont nous venons de parler est due à ce prince.

On rapporte qu'aux jours sanglants de la Terreur, les nouveaux Vandales voulurent briser ce vieux monument de la foi de nos aïeux ; mais une pierre, se détachant soudain , causa la mort d'un des démolisseurs. La conservation de *la Croix du Saint-Esprit* serait due à cette circonstance.

Ici s'arrêtent nos excursions pédestres dans le voisinage de Dinan.

Nous allons maintenant proposer au lecteur un voyage à vol d'oiseau dans chacun des cantons de l'arrondissement ; mais nous nous bornerons le plus souvent à indiquer les sites à visiter, le cadre de notre petit volume ne nous permettant pas de tout décrire avec les détails donnés dans les pages précédentes.

CINQUIÈME PROMENADE.

Excursion dans la partie rurale des deux cantons de Dinan.

PLEUDIHEN. — Assis sur un joli tertre dominant le pays d'alentour, le bourg de Pleudihen est situé à 11 kilomètres de Dinan, au milieu de la route dite « *de la grande terre*, » conduisant de cette ville à Saint-Servan et Saint-Malo, la voie de Dinan à Dinard aboutissant à la mer.

L'ancienne église de Pleudihen, peu remarquable, datait du seizième siècle. En disparaissant, elle a légué au magnifique temple actuel, qui la remplace depuis peu d'années, les reliques des saints Félicissime et Sévère.

L'église nouvelle est due à l'initiative de M. l'abbé Lesaichère, le zélé et vénéré recteur de l'importante paroisse de Pleudihen, admirablement secondé dans cette entreprise par l'Administration Municipale, par les principaux propriétaires du pays, par la population entière, que l'érection d'un si beau monument religieux honore grandement. Elle est ornée de très jolis vitraux.

On fait à Pleudihen un gros commerce de bois, de grains et de pommes avec Saint-Malo, voire même avec l'Angleterre.

Le Château de la Bellière.

Le château de la Bellière, poétique demeure de la belle et sage Typhaine Raguenel, épouse de Du Guesclin, se trouve en Pleudihen.

Comme ces gracieuses figures mythologiques surgissant du sein des flots, le château de la Bellière s'élève au bord d'un petit lac, à droite, sous les grands arbres, près de la route de Dinan à Saint-Malo. Il montre encore avec orgueil au passant ses hautes cheminées surmontées de couronnes comtales.

On y conserve religieusement la chambre occupée jadis par l'illustre Typhaine. Si la bonne châtelaine revenait à La Bellière, elle y trouverait les antiques tapisseries, le prie-Dieu, le crucifix, le fauteuil d'autrefois. Tous ces souvenirs muets dé la compagne du grand capitaine sont l'objet du pieux respect des dignes hôtes de ce joli domaine.

On raconte aux veillées, dans les chaumières d'alentour, qu'une femme en longue robe blanche vient aux lueurs pâles de la lune, durant les nuits d'automne, se promener, rêveuse, dans les sentiers jonchés de feuilles mortes des bois de La Bellière : c'est l'ombre attristée de Typhaine, regrettant, au ciel même, les verts abris de son berceau.

L'antiquaire, avant de quitter Pleudihen, voudra visiter encore *le dolmen* du Bois-du-Rocher.

Le poète malouin Hippolyte de La Morvonnais, auteur de *la Thébaïde des Grèves*, est mort à Pleudihen, en 1853, au village du Bas-Champ.

Saint-Hélen. — Saint-Hélen, commune voisine de Pleudihen, est située à 8 kilomètres de Dinan. On voit dans l'église une verrière assez intéressante. Une des curiosités de ces campagnes est

La Forêt de Coëtquen.

La forêt de Coëtquen, que le Moyen-Age désignait sous le nom de *la forêt Blanche*, parce qu'elle était en partie plantée de bouleaux, donne à ce coin de terre un aspect presque sauvage. Les ruines de la seigneuriale forteresse du même nom ajoutent encore à la tristesse des lieux.

S'il faut en croire la chronique, plus d'un drame terrible eut pour théâtre ce vieux château perdu dans les bois. On raconte, entre autres, qu'une des jeunes marquises de Coëtquen, enfermée au fond d'une tour sombre, sur l'ordre de ses beaux-frères, y serait morte de faim. Des soldats étant descendus d'aventure dans la basse-fosse où la châtelaine infortunée, jeune nantaise, avait été abandonnée, y trouvèrent, dit-on, son squelette.

Une légende mystérieuse, bien connue au pays de Dinan, rapporte l'histoire suivante. Nous traduisons d'après un vieux grimoire.

LA DAME DE LA FORÊT-BLANCHE.

Légende Bretonne.

De Coëtquen la châtelaine
    Se promène
Au bras d'un noble seigneur ;
Elle échangea, roturière
    Riche et fière,
Pour des titres... le bonheur !

Depuis deux mois mariée,
    Adorée
D'un beau marquis, son époux,
Tout lui sourit, tout l'enchante,
    Elle chante
La châtelaine aux yeux doux.

Mais voici que pour la guerre
    Qu'il va faire,
Guesclin assemble des preux :
Noble sire, prends ta lance,
    Pour la France,
Vole aux combats glorieux.

Raoul soudain court aux armes...
    Tout en larmes
La Dame rentre au château ;
Las ! comme un jonc elle tremble,
    Il lui semble
Qu'il deviendra son tombeau.

A peine sont terminées
    Dix journées
Que la châtelaine en pleurs
Voit arriver sur ses terres
    Deux beaux-frères
Qui vont causer ses malheurs.

Ils gagnent Simon le traître,
    Que son maître
Au crime, hélas ! croyait sourd ;
L'eau d'une coupe perfide
    Qu'elle vide
La plonge en un sommeil lourd.

Or, Simon, la nuit suivante,
    Se présente
Dans la chambre du manoir
Où sa maîtresse repose ;
    Lâche, il ose
La traîner au cachot noir.

On annonce qu'elle est morte,
    Et l'on porte
Sa châsse aux caveaux bénits,
Autour on dit les prières
    Funéraires,
On chante un *de Profundis.*

Au fond d'une tour obscure,
    Sur la dure.
Pleurant, hélas ! mais en vain,
La châtelaine, ignorée,
    Torturée,
Mourut de froid et de faim.

Voilà le récit qu'aux veilles,
Bonnes vieilles
Content le soir longuement,
Quand l'hiver sur la campagne
De Bretagne
Jette son grand linceul blanc.

Alors dans la *forêt Blanche,*
Chaque branche
Sous le vent semble gémir,
Et l'on voit sur la bruyère
Qui s'éclaire
Une ombre pâle surgir.

On dit tout bas que c'est l'âme
De la Dame
Rappelant aux amoureux
Que les grandeurs, la jeunesse,
La richesse
Ont des revers douloureux.

La Chesnaie.

Il est, dans le voisinage de Saint-Hélen, une autre demeure que nous visiterons avec un vif et triste intérêt ; c'est la maison de campagne illustrée, comme Ermenonville et Milly, par le long séjour de l'illustre et malheureux auteur de *l'Essai sur l'Indifférence*, et plus tard, hélas ! des funestes *Paroles d'un Croyant* révolutionnaire.

Nous voulons parler de *la Chesnaie*, en Plesder, retraite de Félix de La Mennais. C'est dans cette thébaïde ombragée de sapins et de hêtres, baignée par les eaux d'un étang, que le philosophe égaré, dont la fin devait être si lamentable, reçut jadis les Montalembert, les Combalot, les Lacordaire, les Gerbet, les Berryer ; c'est là que le sombre penseur avait marqué sa tombe avant de songer à la fosse commune dans laquelle il est si tristement descendu.

SAINT-SOLAIN et **TRESSAINT** n'offrent rien de remarquable, que quelques jolis points de vue.

AUCALEUC. — Le bourg d'Aucaleuc doit la popularité dont il jouit en Bretagne à ses *vêpres locales*, dans lesquelles le bâton remplace le bon ton. On les chante ainsi, sur l'air du *Dixit* :

I.

Un bâton, deux bâtons, trois bâtons,
Si j'avais encore un bâton, ça f'rait quatre bâtons.

II.

Quatr' bâtons, cinq bâtons, six bâtons,
Si j'avais encore un bâton, ça f'rait sept bâtons.

Et áinsi de suite, indéfiniment, en augmentant d'un bâton à chaque verset. — Disons-le à la louange des habitants de nos campagnes, le culte du bâton, en dépit des *vêpres d'Aucaleuc.* compte présentement beaucoup moins d'adeptes qu'autrefois dans les assemblées et pardons de Bretagne.

On peut, d'ailleurs, célébrer aujourd'hui très convenablement les vêpres ordinaires dans la nouvelle église d'Aucaleuc L'ancienne était bâtie au lieu où se trouve maintenant le cimetière, planté d'un vieil if, près de quelques croix de bois.

—

BOBITAL, BRUSVILY, CALORGUEN, LE HINGLÉ, qui, comme Aucaleuc, font partie du canton Ouest de Dinan, n'ont d'autres charmes que leur fraîcheur rustique.

—

PLOUER. — Le bourg de Plouër est situé sur la rive gauche de la Rance, à 10 kilomètres de Dinan. On y fait un grand commerce de grains et de cidres.

Le château de Plouër, abrité sous un épais rideau de hautes futaies, et la jolie gentilhommière du *Chêne-Vert*, dont les

plantations projettent leurs ombres jusque
sur les eaux de la Rance, sont les propriétés les plus remarquables de cette commune. On voit au *Chêne-Vert* une fontaine
dont l'eau avait autrefois des vertus merveilleuses ; on y montre aussi une *grotte
aux fées*, sur un escarpement rocheux que
les dames se décideront difficilement à
gravir. A vrai dire, d'ailleurs, cette grotte
paraît récéler moins de sorcières que de
lapins. Un jardinet charmant, planté d'arbres exotiques, est disposé près du petit
fleuve, au-dessus duquel reverdit au prin-
temps le vieux chêne qui fut le parrain du
pittoresque domaine. De ce tertre granitique, l'œil plonge à la fois sur la mer et
sur de riches campagnes.

Le Chêne Vert, ancienne propriété de la
noble famille de Séré, fut habité dans ces
derniers temps par le richissime prince
Bazilewski, que l'on disait être très proche
parent de l'empereur de Russie. Il appartient maintenant à un pianiste-compo-
siteur dont le talent jouit d'une certaine
notoriété, M. Kowalski.

Au dix-septième siècle, Henriette de La-
tour-d'Auvergne, sœur de Turenne, fit

construire un temple protestant à Plouër ; mais, sur les réclamations de l'évêque de Saint-Malo, Louis XIV en ordonna la fermeture.

Plouër possède un petit port, dit *le port Saint-Hubert*, fréquenté par une vingtaine de barques.

—

Quévert. — Une église fort modeste, et *la chapelle Sainte-Anne-du-Rocher*, plus chétive encore, voilà tous les édifices notables de Quévert. Cependant, chaque année, quand revient le 26 juillet, les pèlerins, de dix lieues à la ronde. accourent au temple populaire, qui peut à peine contenir cinquante personnes à l'aise :

Humbles croyants, de loin, tous ils viennent chercher
Les dons qu'en son amour Sainte-Anne-du-Rocher
    Accorde aux pèlerins fidèles :
Le malade plaintif l'oubli de la douleur,
Le pauvre un peu d'espoir, tous un peu de bonheur
    Après les épreuves cruelles.

Le château de la Brosse dressait autrefois ses fortifications sur le territoire de Quévert ; il est aujourd'hui complètement ruiné.

TRÉLIVAN. — Trélivan a conservé sa célèbre propriété de *Vaucouleurs*, et malheureusement aussi ses tristes landes, près desquelles on vous montrera *le champ des Ecorchats*, ainsi nommé dans les anciens jours, à la suite de quelque horrible drame.

—

TRÉVRON. — *Le château du Chalonge*, veuf de ses douves et de ses fossés, *la Roche aux Fées*, les débris d'un couvent et l'église, voilà tout ce qu'il y a de notable à Trévron.

Cette commune, traversée par une belle vallée, offre de frais ombrages au promeneur, comme presque toutes les campagnes dinannaises. Le bourg de Trévron est situé à 9 kilomètres de Dinan.

Nous avons vu *la pierre longue* de Saint-Samson ; *le château du Chêne-Ferron*, en Saint-Carné ; et *les ruines de Léhon*. Passons donc aux autres cantons de l'arrondissement de Dinan.

CANTON DE PLOUBALAY.

La route qui conduit de Dinan à *Ploubalay* s'ouvre derrière les Grands-Fossés, près de la porte de Brest, où la gare du chemin de fer est établie.

Le chef-lieu cantonal de Ploubalay, situé à 20 kilomètres de Dinan, s'élève, pour ainsi dire, entre la terre et la mer, environné des communes de Lancieux, Langrolay, Pleslin, Saint-Jacut, Trégon, Tréméreuc, formant sa circonscription. C'est un gros bourg très fréquenté, communiquant avec la ville de Dinan par un chemin vicinal assez bien entretenu. Mais, avant d'y arriver, arrêtons-nous un instant devant.

Le Château du Bois de la Motte.

De belles et longues avenues de mélèzes et de sapins s'étendent en avant du noble manoir, assis au bord d'un étang, au milieu des jardins en fleurs, dans la fraîcheur des bocages.

Au temps de la chevalerie, *le château du Bois de la Motte* avait pont-levis, fossés profonds, tours crénelées, hauts donjons, et plus d'une fois il fut témoin de grandes prouesses.

« Les seigneurs du Bois de la Motte, » dit le père Dupas, « ont acquis un honneur immortel et un los digne de perpétuelle mémoire. » — Sous la Ligue, le fameux Saint-Laurent, gouverneur de Dinan, lieutenant du duc de Mercœur dans ces contrées, habita cette seigneuriale demeure.

Presque tout ce qui reste aujourd'hui de l'ancienne forteresse est caché sous les constructions modernes et sous les roses des parterres.

L'attirail de la guerre a disparu. L'agriculture nourricière creuse à cette heure les sillons fertiles, à l'ombre des grands bois, autour de l'ancienne retraite des fiers bannerets qui donnèrent à ces lieux une certaine célébrité.

Le château du Bois de la Motte fait partie de la commune de Trigavou, où l'on remarque aussi les propriétés de *la Rougerais*, de *la Mennais*, et *un tumulus*.

La Rougerais fut la demeure d'un ancien magistrat fort ami des lettres, M. Lecourt de La Ville-Thassetz, dont les recherches historiques, bien que parfois un peu hasardées, ont souvent un réel intérêt.

M. Lecourt aimait aussi l'agriculture et la chantait même à l'occasion sur les pipeaux rustiques.

Encore 10 à 12 kilomètres, et nous serons à *Ploubalay*. Nous y verrons les belles campagnes de *la Ville-Briand*, point de vue charmant ; — *la Crochais*, son parc et ses jolies dépendances ; — *la Coudraye*, sa tour ancienne et sa chapelle vieillie ; — *la Ravillais*, où la bienfaisance chrétienne a fondé une institution religieuse pour les jeunes filles ; — enfin, le château moderne de *la Mallerie*.

A 5 kilomètres plus loin, au bord de la route principale de Ploubalay à Plancoët, voici la gentille et toute petite église de *Trégon* ; — les confortables habitations de *Baucey* et de *la Ville-Guérif*, cachées sous un dais de rameaux ; — le plateau de *la Hautière* et son *tumulus*. — *Trégon* a vu naître, au château de *le Bouillon*, feu Mgr de Lesquen, ancien évêque de Beauvais et de Rennes, de vénérable mémoire.

Là-bas, près des grèves baignées par la mer, sont d'autres lieux pleins des religieux souvenirs de

L'Abbaye de Saint-Jacut.

En l'année 440, selon plusieurs historiens, Gallon, roi de Bretagne, fonda *l'Abbaye de Saint-Jacut*, dont Jacob ou Jacut fut le premier abbé. Ce monastère célèbre, érigé sur l'emplacement d'un temple consacré à la terre par l'antique idolâtrie, était l'un des plus considérables de l'Armorique. L'église, en forme de croix latine, renommée pour son architecture, occupait une superficie de 35 mètres de long sur 23 de large. C'était une majestueuse harmonie que celle des cantiques sacrés se mêlant sous ses voûtes grandioses aux roulements de la mer montant de la plage.

La maison claustrale habitée par les religieux Bénédictins s'étendait sur un terrain long de quatre-vingt-dix mètres, ayant pour dépendances de beaux jardins, de riches vergers. Outre ces biens, la communauté de Saint-Jacut possédait d'opulents bénéfices en Bretagne, des cures en Angleterre, etc.

On a parlé des droits que les moines de Saint-Jacut s'étaient réservés sur la pêche. Voici, d'après Habasque, en quoi ils consistaient :

« L'abbaye avait le droit d'obliger les pêcheurs de la commune d'apporter au monastère leur poisson, et les moines pouvaient, mais *en payant*, retenir ce qui leur convenait. » Il est bon de remarquer, en passant, que ce poisson était soldé aux pêcheurs, ce qui évitait un déplacement aux uns et aux autres.

Dom Lobineau, l'un des plus érudits de nos historiens bretons, est mort dans l'abbaye de Saint-Jacut, le 23 juin 1727. Soixante-six ans plus tard, la tempête révolutionnaire entraînait dans le grand naufrage de 1793 ce monastère vénérable que quatorze siècles avaient respecté !

Douze religieux seulement s'y trouvaient alors, avec un revenu de 8,000 livres. On chercherait vainement à cette heure, à l'extrémité de la péninsule où ils existaient, quelques débris de l'église et de l'abbaye des Bénédictins ; tout a sombré ; ainsi le vaisseau disparaît avec son équipage au milieu des vagues courroucées...

Aujourd'hui, la presqu'île de St-Jacut, que la mer baigne chaque jour deux fois, est habitée à peu près exclusivement par des familles de pêcheurs qui, le jour et la nuit, sur leurs barques fragiles, affrontent les écueils et les flots orageux, pour en rapporter l'huître appétissante, la sole recherchée, le homard estimé des gourmets.

Depuis quelques années, les grèves de Saint-Jacut sont fréquentées aux beaux jours par les baigneurs. Si l'on n'y rencontre pas tout le confortable que peuvent procurer les établissements de bains fondés à grands frais, on y trouve, en revanche, l'air pur, le calme des solitudes et la liberté.

L'édifice que nous apercevons d'ici, à

une distance de mille mètres, et dont la base semble plonger dans la mer, au nord-est de Saint-Jacut, est

La Tour des Ebihens.

La Tour des Ebihens fut construite en 1697, sur les débris d'un ancien phare. Elle monte en regard d'un des plus curieux paysages de la côte bretonne. Une plate-forme, où cinq embrasures ont été pratiquées pour recevoir de l'artillerie, est au sommet ; on y arrive par un escalier en spirale qui ne compte pas moins de 80 degrés. La Tour des Ebihens est encore défendue par d'assez nombreuses meurtrières et par des murs de six mètres d'épaisseur. Une garnison y fut établie au temps de la Révolution.

On peut, à mer basse, aller à pied de Saint-Jacut à l'île des Ebihens, mais il serait imprudent d'entreprendre ce voyage avec une chaussure trop légère.

S'il faut en croire les chroniqueurs, la Tour des Ebihens fut construite à l'aide du produit de nombreux lots de poissons que chaque équipage abandonnait au retour de la pêche.

SEPTIÈME PROMENADE.

CANTON DE PLANCOET.

Le canton de *Plancoët* comprend les communes de Plancoët, Bourseul, Corseul, Créhen, Landébia, Languenan, Plessix-Balisson, Pléven, Pluduno, Quintenic, Saint-Lormel. Sa population est de 13,656 habitants.

Le chemin de grande communication que nous avons suivi en quittant Ploubalay aboutit directement aux quais de Plancoët. Ce chef-lieu de canton est traversé par les routes de Lorient à Lamballe et de Dinan à Matignon.

La ville de Plancoët, peuplée de 2,000 habitants à peine, étage ses 400 maisons, gracieusement groupées, aux versants de deux collines entre lesquelles coule l'Arguenon, petite rivière que la muse mélancolique d'Hippolyte de la Morvonnais a célébrée avec amour, comme Hégésippe

Moreau chanta sa chère Voulzie. C'est qu'ils sont charmants, en vérité, les bords de l'humble fleuve courant au milieu des bois et des fleurs, et, certes, ils méritaient bien, après avoir trouvé leur poète, de rencontrer le pinceau de l'aimable artiste Hoffmann, aujourd'hui fixé à St-Brieuc, et qui, pendant plusieurs années, habita Plancoët, où s'écoulèrent ses meilleurs jours.

Chateaubriand garda un souvenir ineffaçable de ce joli coin de la Bretagne : « Si j'ai connu le bonheur, » écrit-il dans ses *Mémoires d'Outre-Tombe,* « c'est certainement à Plancoët. » On se souvient aussi de l'illustre écrivain dans la modeste cité, et l'on y fait remarquer avec orgueil, vers le haut de la rue de l'Abbaye, la maison et les jardins qui le charmaient enfant.

Plancoët possède deux églises : l'une sous l'invocation du Sauveur ; l'autre, que l'on nomme *l'église de Nazareth* (ancienne chapelle de Dominicains), succursale du chef-lieu de canton, est dédiée à la Sainte Vierge. Elles sont convenablement situées et bâties, mais pourraient être mieux décorées.

Plancoët possède aussi un établissement de Dames religieuses Trinitaires, pourvu d'une jolie chapelle dont le supérieur-fondateur, M. l'abbé Samson, a composé plusieurs ouvrages justement estimés, entre autres : *le Paradis de la Terre, Purgatoire et Ciel*, etc.

Rien de très curieux par ailleurs en ce lieu, si ce n'est le fameux tertre de *Brandfer*, où l'auteur des *Martyrs* plaça, dit-on, son épisode de Velléda, — et la butte de *la Janière*, remarquable aussi par son élévation.

Dans les environs de Plancoët, nous trouverons des ruines historiques renommées, de riches villas, des sites ravissants : ce sera d'abord

Le Château de Largentaye.

Le château de Largentaye était, il y a cinq cents ans, un manoir imposant dont les bateliers de la rivière, très polis en ce temps-là, paraît-il, saluaient en passant le propriétaire en criant à haute voix :

> « Salut et joie
> » A Monsieur de Largentoie. »

Une chaîne en fer qui barrait le petit fleuve tombait alors et leur laissait le passage libre.

La famille de Largentaye était fort ancienne ; elle devait fournir « un chevalier et demi à l'ost » (à l'armée) du duc de Bretagne.

Le château moderne de Largentaye, construit de 1840 à 1841, est un brillant domaine, posé sur la rive gauche de l'Arguenon, en regard de vertes étendues de prairies et de collines. Il fait partie de la commune de Saint-Lormel et continue d'être habité par les descendants de la noble famille qui lui donna son nom.

M. Rioust de Largentaye, propriétaire actuel, élu député des Côtes-du-Nord le 8 février 1871, fut l'un des signataires de la paix, après la funeste guerre à outrance.

Nous recommandons surtout à l'attention des touristes, artistes et amateurs, la charmante chapelle de Largentaye, où le ciseau du sculpteur Longueville a fait merveille.

On voit encore, dans le voisinage de Plancoët, le château de *Monchoix*, résidence d'un gentilhomme-artiste d'un esprit distingué, membre de la Société des Gens de Lettres, M. Charles du Boishamon, dont les studieux loisirs sont consacrés à retracer *les Chroniques Bretonnes* en des pages fort intéressantes.

Monchoix fut l'une des demeures préférées de Chateaubriand. Il aimait, écolier, à passer là une partie des vacances. On y a conservé le lit qu'il occupait dans un des étages supérieurs. Le célèbre romancier Paul Féval est venu plus d'une fois aussi se reposer aux beaux jours sous les ombrages de *Monchoix*.

Les châteaux de *Guébriand*, de *la Caunelaye*, de *la Ville-Meneuc*, font également partie de ce canton, où se trouvent aussi le beau point de vue de *Taillefert*, les paysages gracieux de *Beau-Bois* et de *Bois-Adam*.

Entre tous les sites que le voyageur peut visiter dans ce canton, il n'en est point de plus célèbre que

Les Ruines du Guildo.

Le château-fort du Guildo, dont l'origine se perd dans l'ombre des siècles, était l'un des plus formidables de l'ancienne Bretagne ; au nord, à l'ouest, la mer baignait le pied de ses hautes tours , et, sur les autres points , s'ouvraient de profondes et larges douves. Pour que l'on pénétrât dans la fière citadelle , il fallait que le gouverneur de la place voulût bien faire abaisser le pont-levis.

C'est dans cette résidence que le trop malheureux prince Gilles de Bretagne fut arrêté le 26 juin 1446 , par deux cents hommes d'armes du roi de France, pour aller gémir successivement captif dans les châteaux de Dinan, de Rennes, de Châteaubriant, de Moncoutour, de Touffou, et mourir plus tard, dans les tortures du désespoir et de la faim, à la Hardouinaye.

La cour d'armes de la citadelle était de quatre - vingt - treize pas ; les murailles avaient trente-six mètres de hauteur, et cinq d'épaisseur. Assiégé à plusieurs reprises durant les guerres de la Ligue, le château du Guildo fut démoli sous le gouvernement de Louis XIII, qui, par ordre du 11 avril 1625, défendit d'en rétablir les fortifications. — Un membre de la famille de Chateaubriand se cacha dans les ruines du Guildo en 1793 pour échap-

per au sanglant couperet de la Terreur ;
malheureusement, il fut traqué jusque
dans cette retraite par les sicaires des
bourreaux.

Dans la vaste cour seigneuriale où le
prince Gilles aimait à s'exercer au tir avec
les archers anglais, le frêne et le pommier
projettent maintenant leurs ombres, et le
laboureur y fait chaque année la moisson.
Les tours granitiques croulent de toutes
parts, déchirées par la faux implacable du
temps, après avoir été frappées déjà par
le marteau du démoliseur ; — les souterrains sont obstrués par les maçonneries
détruites ; la terre comble la partie des
douves où fut le pont-levis ; ce ne sera
plus bientôt qu'un amas de décombres
sans nom.

Ces ruines désolées inspirent aux habitants du pays une sorte de terreur respectueuse. Là, disent les traditions populaires,
là, comme sur les restes de l'antique
château d'Avenel, une noble dame vêtue
de blanc erre durant les longues nuits, et
mouille des larmes du souvenir les pierres
du vieux manoir ; elle s'assied pensive au
pied des tours penchées sur l'abîme ; puis

elle s'en va laver dans les eaux de l'Arguenon un tissu sanglant : c'est l'ombre de la jeune femme du prince Gilles, la riche et belle Françoise de Dinan, qui vient déplorer le sort affreux fait à son époux.

En 1620, Jean d'Avaugour, baron du Guildo, établit un couvent de Carmes près du château : on voit encore les constructions et les jardins de ce monastère, où l'état-major d'une armée anglaise s'installa en 1758.

Il y avait naguère au Guildo un gué renommé comme le plus désagréable de France et de Navarre : à mer basse, on le traversait à dos d'homme ; à mer haute, dans de grossiers bateaux, et ce n'était pas sans péril.

Grâce à l'initiative de quelques intelligents et généreux propriétaires du pays, associés pour ce travail, le détestable gué est aujourd'hui remplacé par un joli pont, inauguré le 15 mai 1864.

Si la visite que nous venons de faire au Guildo ne vous a pas trop fatigués, revenons, si vous le voulez bien, vers Plancoët, gravissons la rue de l'Abbaye, et hâtons-nous d'arriver aux

Ruines de Corseul.

Le bourg actuel de *Corseul*, dont l'église mérite d'être mentionnée pour ses inscriptions et ses jolies proportions, est bâti sur les ruines d'une antique et vaste cité : la pioche du terrassier, le soc de la charrue, la bêche du laboureur, découvrent chaque année quelque nouvelle trace de l'occupation de ce territoire par les légions de César : ici, ce sont les restes d'une voie romaine ; plus loin, les dalles en mosaïque d'une salle de bains ; ailleurs, des statues, des urnes cinéraires, des lampes de terre des vases, des briques, etc., etc.

Cependant, de tous les monuments élevés par les conquérants étrangers sur les vallées et dans les champs fertiles de Corseul, un seul est resté debout, c'est un

Temple de Mars ou de la Guerre,
dit Tour du Haut Bécherel.

La Tour du Haut-Bécherel ou du *Haut-Tribut,* ou de *Dio-Mars,* comme la nomment les villageois curiosolites d'aujourd'hui (elle était consacrée au dieu Mars), est de forme octogonale ; elle se trouve à un kilomètre du bourg de Corseul : c'est un édifice construit en pierres de petit appareil, reliées à la fois par un dur ciment et par les réseaux pressés du lierre, ami des ruines. Ses quatre pans de murs troués, hauts de dix mètres environ, se dressent comme une apparition des temps passés, près de la borne d'un héritage, au milieu des terres cultivées, à droite du chemin vicinal de Plancoët à Dinan. Elle est sans voûte et le fut toujours, selon plusieurs antiquaires. Le savant Lobineau prétend que, dans les âges reculés, un stylobate supportait, au centre de cette tour, l'image sculptée de l'idole au pied de laquelle les Romains se prosternaient alors.

Dans ces dernières années, M. Joseph Le Sage, ancien maire de Dinan, propriétaire des terrains sur lesquels s'élève le temple de Mars, et M. Fornier, alors président du tribunal civil du même chef-lieu d'arrondissement, ont fait pratiquer des fouilles qui ont mis à découvert les fondements de vastes constructions très curieuses.

Ne quittons pas le canton de Plancoët avant d'avoir fait un pèlerinage aux

Ruines du château de Montafilant.

Le château de Montafilant, construit au douzième siècle, à deux kilomètres de Corseul, était, au Moyen-Age, l'une des places les plus importantes et les mieux fortifiées du pays. Alors vivaient les fiers Rolland de Dinan, princes aussi loyaux que vaillants.

La forteresse de *Montafilant*, par sa situation exceptionnelle sur un monticule environné de fossés profonds, semblait défier l'ennemi le plus téméraire. Ses tours à trois étages, avec parapets et machicoulis, commandaient au loin le respect.

Maintenant, là, ainsi qu'au Guildo, tout n'est plus que ruines : la ronce et les herbes parasites couvrent comme d'un linceul les fragments épars de la belliqueuse citadelle ; ses mystérieux souterrains sont comblés. Trois tours affaissées sous leurs propres débris sont tout ce qui reste de la puissance des seigneurs de Montafilant, chevaliers et maréchaux de Bretagne.

HUITIÈME PROMENADE.

CANTON DE PLÉLAN-LE-PETIT.

Ce chef-lieu cantonal est situé à 20 kilomètres de Dinan, à droite de la grande route conduisant à Saint-Brieuc, et au-delà des terres incultes qui la bordent.

Le canton de *Plélan-le-Petit*, formé des communes de Plélan, La Landec, Languédias, Plorec, Saint-Maudez, Saint-Méloir, Saint-Michel-de-Plélan, Trébédan, Vildé-Guingalan, est le moins important de tous ceux de l'arrondissement de Dinan : sa population ne s'élève pas à plus de 4,867 habitants. Une partie de son territoire consiste en landes, comme l'indique le nom de Plélan, qui signifie *peuple de la lande.*

Cependant on y trouve, notamment dans les communes de *Plorec* et de *Languédias*, des sites pittoresques, des paysages ravissants. Citons, entre autres, à Plorec, *le tu-*

mulus connu sous le nom de *la Butte du Mottier ; le Rocher des Vieilles-Vallées ;* — les éminences des *Bourgheusâs.* — A Languédias, le magnifique tertre de *Kérinan,* nouveau Sinaï, dont le sommet semble plutôt appartenir au ciel qu'à la terre, solitaire et majestueux observatoire où l'âme s'oublie dans la contemplation de l'œuvre du Créateur.

Le canton de Plélan a aussi ses vieux châteaux : celui de *Kérinan,* gisant dans la poussière, au pied de la montagne ; — celui de *Thaumatz,* en Saint-Maudez, ancien domaine des célèbres Goyon, devenu l'héritage de la famille Picot de Plédran ; — celui du *Chalonge,* en Trébédan, où la muse de M. Hippolyte de Lorgeril, devenu plus tard député des Côtes-du-Nord, puis sénateur inamovible, murmura d'attendrissants accords.

Citons encore, pour l'amateur d'antiquités, la voie romaine de *l'Estra,* touchant la route de Dinan à Lamballe, au lieu dit *la Maison-Neuve,* parfaitement reconnaissable sur le sol de Saint-Méloir ; — pour l'artiste, les sculptures antiques de la croix de granit du cimetière de Saint-Maudez.

Enfin, avant d'adresser nos adieux à ce modeste et religieux canton, ne manquons pas de nous arrêter un instant devant le seuil abandonné de

L'Abbaye de Beaulieu.

L'Abbaye de Beaulieu, dit l'abbé de Garaby, fut fondée en 1170, par Rolland de Dinan, pour huit chanoines réguliers de Saint-Augustin. Son nom primitif était celui de *Notre-Dame-du-Pont-Pilard*.

L'église, remarquable par la distinction de son architecture, contenait les enfeux de plusieurs personnages notables, parmi lesquels on cite Rolland de Dinan, Tristan du Bois-Riffier, et les dames de La Bellière et de Beaufort.

Le cloître était vaste et confortablement aménagé.

Les restes vénérables de l'abbaye de Beaulieu s'élèvent au sud-ouest du spacieux étang du même nom, en un site pittoresque, plein de fraîcheur et de repos. — Le musée de Dinan possède une pierre tumulaire provenant de l'abbaye de Beaulieu et sur laquelle l'architecte du Moyen-Age a sculpté l'image de Rolland de Dinan.

Le monastère de Beaulieu fut pillé aux jours mauvais de la première Révolution par une bande de quatre à cinq cents malfaiteurs.

Maintenant, revenons vers la route nationale ; notre itinéraire nous appelle dans le canton de *Jugon*, l'un des plus curieux à parcourir.

NEUVIÈME PROMENADE.

CANTON DE JUGON.

L'an 1109, Olivier, dit *l'Ancien*, fils de Geoffroy, seigneur de Dinan, « pour le salut de son âme et pour celle de ses parents, » fit présent aux religieux de Marmoutiers « de la terre qui est à Jugon, jusqu'à la grande-porte, pour y fonder une église et un bourg. » Ce *bourg*, d'abord prieuré de Sainte-Madeleine, dominé par deux étangs, et de tous côtés environné de montagnes, est devenu, après 700 ans, la ville actuelle de Jugon.

Anciennement, un château-fort couronnait les hauts sommets qui tout d'abord s'offrent à notre vue lorsque nous arrivons à Jugon. Cette position était considérée comme l'une des plus formidables du duché de Bretagne, ce qui donna lieu au dicton devenu populaire :

» Qui a Bretagne sans Jugon
» **A** chape sans chaperon. »

L'antique forteresse a disparu avec les chevaliers vaillants qui régnaient sur ce pays. Les bruits de guerre ont cessé. Les grands étangs sont à peu près desséchés.

Jugon est aujourd'hui un très modeste chef-lieu de canton en forme d'entonnoir, peuplé seulement de 539 habitants, et traversé par la grande route de Dinan à Saint-Brieuc ; on n'y voit plus guère que d'humbles toits pittoresquement établis sur les pentes et dans les profondeurs humides des vallées, près de quelques jardinets découpés en échiquiers. — Cette agglomération, dit Emile Souvestre dans *les Derniers Bretons*, ressemble aux jolis villages de la Suisse.

L'église, petite, mais bien entretenue, conserve, dans plusieurs de ses parties, des traces de l'architecture d'un autre âge.

Elle avait naguère un curé - poète, M. l'abbé Texier. Maintenant, elle a un curé historien, M. l'abbé Le Giemble, ancien professeur distingué au Petit-Séminaire de Dinan.

Le canton de Jugon se compose des communes de Jugon, Dolo, Lescouët, Plestan, Plédéliac, Plénée-Jugon, Saint-

Igneuc et Tramain ; il est habité par 12,504 âmes. C'est l'un des plus riches en sites pittoresques, en souvenirs et en monuments historiques.

A peine sortis de Jugon, nous voyons à la cime d'une riante vallée, en Lescouët, l'élégant domaine du *Vauvert*, s'élevant comme un bouquet, du sein des tiges verdoyantes, au milieu des jardins et des bois. — L'un des membres de la famille de La Motte-Vauvert occupa le siége épiscopal de Vannes.

Si de Lescouët nous passons à Plénée-Jugon, gros bourg dont la population communale est de plus de 4,000 habitants, nous trouvons, à une distance de 3 kilomètres,

Le Château de La Moussaye.

Le château de la Moussaye, antique résidence seigneuriale, réédifiée au seizième siècle, pose fièrement encore, environné de ses quatre étangs comme d'une ceinture de diamants, sur la colline agreste qui lui sert de piédestal. L'Arguenon coule à ses pieds ; la bruyère des landes tapisse les

espaces voisins ; des blocs de rochers sur-
gissent dans le paysage boisé, verdissant,
accidenté.

Quatre tours de granit, une trentaine
d'embrasures pour l'artillerie, de nombreuses meurtrières, un pont-levis et des
douves composaient le système de fortifications adopté par les sires de La Moussaye,
illustre maison qui fournit deux chevaliers
aux Croisades, un amiral de Bretagne, un
évêque de Dol, un grand-veneur, plusieurs
ambassadeurs et pairs de France. — Les
escaliers de pierre du vieux manoir, ses
caves aux voûtes sombres et ses prisons
sont dans un état de parfaite conservation.

Après le castel de *la Moussaye*, on cite,
dans la même commune, les châteaux de
Saint-Riveul, de *la Villeneuve*, la propriété
de *la Touche-Sauvaget*.

Plénée-Jugon avait aussi son monastère :

L'Abbaye de Bosquen.

L'Abbaye de Bosquen, fondée le 15 octobre 1137, par Olivier de Dinan, avait une
grande renommée d'opulence :

> « De tous côtés que vent ventait,
>  Bosquen rentait, »

11

disaient naguère encore les vieillards du canton de Jugon.

Nous lisons dans un vieux pouillé de Tours que l'abbaye de Bosquen comptait autrefois un bénéfice de 15,000 livres. C'est que les religieux de l'ordre de Citeaux, qui l'occupaient, étaient des hommes laborieux, défrichant à la sueur de leurs fronts les landes incultes de ce pauvre pays ; ils créèrent, à force de travail, plusieurs fermes autour d'eux.

Quand la Révolution de 1789 éclata, quatre moines seulement. y compris l'abbé, s'y trouvaient, mais ils n'avaient pas alors la même somme de revenus, fait observer M. Benjamin Jollivet dans son histoire des villes et communes des Côtes-du-Nord.

La maison abbatiale de Bosquen consistait en un vaste bâtiment principal à trois faces. L'église, comme celle de Saint-Jacut, était en forme de croix latine et possédait quatre chapelles. C'est là que furent déposés les restes mortels du malheureux Gilles de Bretagne.

Aujourd'hui, les débris épars de l'abbaye de Bosquen jonchent le sol : il semble que la foudre a déchiré tous ces édifices, dont quelques pans de murailles seuls sont debout ; entre les dalles brisées de l'église croissent de jeunes arbres que l'orage a plantés : il n'y a plus que ruines en ces tristes lieux.

De la maison de paix, de travail et de prières dont nous venons de fouler la cendre, si vous voulez bien nous accompagner en la commune de Plédéliac, située à 7 kilomètres de Jugon, et peuplée de 2,128 habitants, nous vous conduirons vers

La Forêt de la Hunaudaye.

La Forêt de la Hunaudaye, nommée d'abord *Forêt Noire*, *Forêt de Lanmor*, *Forêt de Lamballe*, couvre un terrain de 2,000 hectares environ : c'était, au quatorzième siècle, un territoire que le voyageur ne pouvait affronter sans péril. Le propriétaire de la Hunaudaye prétendait alors avoir le droit de rançonner tout individu qui traversait ses bois sans une permission spéciale octroyée par lui. Un évêque de Saint - Brieuc y fut inquiété en 1384 : il s'y vit dérober ses bagages et jusqu'à ses chevaux. En 1505, la duchesse

Anne, devenue reine de France, allant en pèlerinage au Folgoët, sur une blanche haquenée, en compagnie d'une suite nombreuse, y fut elle-même arrêtée. Il convient d'ajouter toutefois qu'on la traita avec toutes sortes d'égards, et que le sire de La Hunaudaye saisit cette occasion pour rendre un éclatant hommage à sa gracieuse souveraine, comme nous le verrons plus loin.

Dans les temps douloureux de la Terreur, la forêt de la Hunaudaye servit de refuge à plusieurs prêtres fugitifs qui s'y retiraient au fond des antres obscurs, cherchant dans les asiles délaissés par de sauvages animaux la protection qui leur était refusée chez les hommes. L'abbé Le Parc, recteur de Saint-Rieul, fut assez heureux, dit Habasque, pour échapper ainsi à la mort.

Cette forêt n'est plus guère fréquentée que par les bûcherons. Cependant, de temps à autre, les sons du cor y retentissent, mêlés aux aboiements des meutes, et les chasseurs s'y pressent sur la trace du chevreuil et du sanglier, qui s'y trouvent en assez grand nombre.

Mais voici que nous arrivons au centre de la forêt ; voici le célèbre manoir sur lequel les légendaires ont écrit plusieurs pages terribles : nous sommes en face du

Château de la Hunaudaye.

Le Château de la Hunaudaye fut construit dans la première partie du treizième siècle, de 1214 à 1220, par Olivier Tournemine. Ce fut l'une des plus puissantes forteresses de la Bretagne antique : il était flanqué de sept grosses tours surmontées de tourelles, et protégé par des remparts garnis de parapets saillants à machicoulis : « L'architecte, dit Fréminville, avait voulu réunir dans la construction de ce château l'élégance et la force. » Sa situation au milieu d'une vaste forêt en firent bientôt un objet d'épouvante. Il n'était pas de chaumière bretonne où l'on ne racontât quelque conte lamentable sur les hôtes de ce mystérieux castel. L'auteur d'*Amour et Foi*, dans la légende qui suit, a rappelé une des plus effroyables histoires accréditées parmi les villageois épouvantés, et que nous imprimons ici sans plus la garantir que ne l'a fait le poète, bien entendu :

LA LÉGENDE DE L'HOMME ROUGE
DE LA HUNAUDAYE.

A l'heure ou s'éveille l'orfraie,
Où les tours de la Hunaudaye,
Comme trois fantômes des airs,
Enflamment leurs sommets déserts :
A l'heure où la nuit tend son aile
Sur leur enceinte solennelle,
Voyageurs, voyageurs, fuyez,
Car l'enfer gronde sous vos pieds !

Ce fut là, que Dieu nous protége,
Et nous préserve de tout piége ! —
Ce fut là, — ne me quittez pas,
Car j'entends des soupirs là-bas. —
Ce fut là qu'au milieu de l'ombre
D'une nuit pluvieuse et sombre,
Un homme au maintien calme et fier
Vint heurter la porte de fer.

Ouvrez, dit-il. — Les gonds résonnent,
Il entre, et les gardes s'étonnent.
Pas une seule goutte d'eau
Sur la pourpre de son manteau ;
Pas une seule humide tache
Sur les plumes de son panache :
Et pourtant, à travers la nuit,
L'eau du ciel tombait à grand bruit !

Or, dans la tour, muet et blême,
Le châtelain veillait lui-même ;
Il promenait son pas puissant
Sur le pavé retentissant :

Holà ! dit-il, dans ma demeure,
Qui peut heurter à pareille heure ?
Raoul, Olivier, allez tous,
Quel importun vient parmi nous ?

Noble baron que Dieu défende,
Un homme d'armes vous demande.
— Qu'il monte ! et toi, ne va pas loin,
Raoul, tu viendras au besoin.
Il dit : Dans la salle en silence,
L'homme au manteau rouge s'avance,
S'arrête, et laisse voir des yeux
Plus brillants que l'éclat des cieux.

Qu'es-tu pour venir de la sorte
Heurter bruyamment à ma porte,
O magnifique chevalier,
Qui n'a pas même d'écuyer ?
Sais-tu qu'un mot va me suffire...
— L'étranger se prit à sourire,
Et d'une formidable voix :
« Tu veux savoir qui je suis ? Vois !

Ma suite est là, qu'elle paraisse ! »
Il dit : un spectre affreux se dresse,
Un autre encore, un autre après ;
Tous trois ont dévoilé leurs traits ;
Tous trois sont vêtus d'un suaire
Qu'ils entr'ouvrent avec mystère,
Et tous trois montrent de la main
Le sang qui coule de leur sein.

« Baron, je n'ai pas d'autre garde,
Ajoute l'inconnu ; regarde !

Voilà ton père, saint vieillard,
Qui tomba d'un coup de poignard ;
Voilà ta femme assassinée,
Ton frère mort la même année,
Tous trois sanglants, tous trois glacés ;
Quel fut leur bourreau ? Tu le sais. »

Et les trois fantômes ensemble
Enlacent le baron qui tremble.
Il appelle ; les murs sont sourds ;
L'homme rouge riait toujours,
Et les foudres amoncelées
Tonnaient dans le creux des vallées ;
Enfin, à la pointe du jour,
Le feu du ciel frappa la tour !

La voilà toute sillonnée ;
Voilà sa porte ruinée ;
Mais l'horizon s'est obscurci,
O voyageur ! fuyez d'ici.
C'est l'heure où la nuit tend son aile
Sur cette enceinte solennelle ;
Voyageur, voyageur, fuyez,
Car l'enfer gronde sous vos pieds !.

Ed. Turquety.

Le château de la Hunaudaye cependant
ne fut pas toujours visité par des spectres.
Nous trouvons dans les manuscrits de
son bon chapelain Olivier de La Roche
un récit charmant du séjour qu'y fit la

duchesse Anne et des fêtes splendides données à cette occasion.

« Ce fust le jeudi d'après la feste de l'apostre Saint Jacques, l'an de l'Incarnation mil cinq cenz cinq, le sire de la Hunaudaye estant à chevaucher par les environs, voici qu'ung escuyer richement accoustré réquist l'entrée du chasteau. Puis, ledit sire étant revenu au soyr, présenta à luy le dit escuyer lettre fort bien scellée, et la dite lettre était de la chrestienne Royne Anne duchesse de Bretaigne, et à luy disait qu'icelle voulant visiter son très chier cousin, elle avait voulu avertir luy en l'avance.

. . . .

» Et le mardi en suivant, à l'heure des vespres, hommes étant au haut des tours, tout d'ung coup fust veu par eux grande troupe venant vers le chasteau, et le susdit escuyer ayant recogneu la Royne cheminant vénérablement, la dite troupe en advertit en grande haste le sire de La Hunaudaye, et sitôt le dit seigneur, assemblant ses gens d'armes, fit baisser le pont-levis, et s'étant rendu sur icelui, il attendit sa souveraine Dame... Et la dite Dame montée sur une blanche haquenée était accompagnée du sire de Rohan, et de essaims de damoiselles convenablement estoffées. Et par après marchaient foule de gros seigneurs, varlets et gens d'armes, vestus de hoctons rouges. Et, étant descendu sur le dit pont, le sire de La Hunaudaye, faisant humble salutation : Ma souveraine Dame (dit-il), vous plais

savoir que je suis confus de l'honneur que vous me
faictes, car jà m'avez tant comblé que vois avec
grand déplaisir ne pouvoir acquitter ma dette ;
vous suppliant humblement de croire que je vouloir
toujours obéir à vous à mon pouvoir, et suppliant le
Ciel de vous donner vie longue, et, ce, pour le bonheur de la Bretagne et du Roy Loys. Et la Royne
gracieusement respondit : Mon cousin, say bien que
vous estez ung dévoué et fidèle subjet ; aussi viens
visiter vous qui avez toujours bataillé pour moy
quand estais embesognée.

» Lors la dicte Anne s'avançant avec le dict seigneur, sonnèrent hautement les trompettes, et sonna aussi l'horloge en manière de réjoyssance. Ainsi
se rendit la Royne en son logis, et chacun l'admirait
à part soi, car estait belle, estant dans sa vingt-neu-
vième année, et pour lors épouse du roy très chres-
tien Loys douzième. »

Le jour suivant, la reine parcourut avec
sa suite les paroisses d'alentour, au son des
cloches mises en branle sur son passage
dans tous les bourgs et monastères. A sa
rentrée au vieux manoir, un féerique ban-
quet l'attendait dans la cour d'honneur,
splendidement illuminée. Laissous encore
le joyeux chapelain nous raconter les merveilles de ce festin royal :

« Le soir étant proche, dit-il, et chevauchant la

Royne à travers la forêt, voilà que deux hommes ayant peaux de loups sur eux, à ses pieds amènent biche enchaînée à son grand déplaisir et malheur. Puis, étant arrivée au chasteau, trouva ladite Royne table dressée en la cour, et valets tout à l'entour tenant flambeaux pour éclairer. Lors la Royne, richement accoutrée, fut mise sur un siége élevé, ayant échanson et écuyers à cheval, la servant en grande révérence. Et la prédite table estait couverte de vases, coupes d'or et d'argent, ayant vin fort bon jusqu'aux bords. Et en plus fust couverte par IV fois de XXXVI plats contenant viandes en abondance ; entre autres, à la quatrième fois, fust apporté en grande vénération, par VIII écuyers, veau entier tenant luy sur ses jambes par artifice, bien assaisonné dans le dedans, et ayant pomme d'orange dans la bouche. Et quand pareut le dict plat, trompettes sonnèrent si hautement que semblaient vouloir les tours en branler. En voyant le dict veau, la compagnie fust toute esjouie, et un chacun voulust en avoir sa part. Et mon redoublé seigneur, le sire de La Hunaudaye, voulust bien, par deux fois, en envoyer à moy très indigne, et j'assure à tous icy que faisait bon mangier... A la fin du dict repas, la Royne ayant fait des présents à tous ceux qui étaient là, lors chacun étant bien respu, but à la santé d'icelle et du roy Loys, son espoux. — Et partit du chasteau le jeudi ensuivant, et visitait villes et forteresses de son biau

duché de Bretaigne en grande cérémonie et magni-
ficence. »

La famille de Tournemine, originaire
d'Angleterre, comptait parmi les plus
renommées de la Bretagne ; elle fournit
vingt-deux seigneurs et sept barons. En
1370, Pierre de Tournemine était compagnon d'armes de Du Guesclin. Un savant
distingué sortit aussi de cette illustre maison :
le père Tournemine, mort en 1739,
demeura rédacteur du célèbre *Journal de
Trévoux* durant plus de trente années.

Le château de la Hunaudaye fut livré
aux flammes en 1793, par ordre des admi-
nistrateurs révolutionnaires du district de
Lamballe. Il était alors la propriété d'une
dame de Talhouet.

Il n'a plus rien de sa splendeur première : le lierre, la mousse et la ronce couvrent les restes de ses tours ; l'intérieur
des vieux murs est lui-même envahi par
les foulées sauvages. Ce n'est plus qu'un
lugubre monceau de débris ; les oiseaux
sinistres, perchés sur quelque pierre crou-
lante, troublent seuls, dans les nuits
noires, le silence de ces ruines près desquelles, aux heures tardives, le villageois
ne saurait passer sans quelque émotion.

Passons, nous aussi, et visitons dans le voisinage ce qui subsiste encore de

L'Abbaye de St-Aubin-des-Bois.

L'Abbaye de St-Aubin-des-Bois fut fondée par Olivier de Lamballe , comte de Penthièvre, en 1137. On dit que saint Bernard lui-même choisit l'emplacement et dressa le plan des édifices spacieux et commodes où, durant plus de cinq siècles, fleurit la vie ascétique.

Lors de la Révolution, l'abbaye de Saint-Aubin-des-Bois subit le sort de presque tous les monastères condamnés par la tyrannie et l'impiété révolutionnaires. Cependant les religieux s'y maintinrent à titre de *fermiers* jusqu'en 1793. Mais dans cette année fatale , ayant été soupçonnés de donner asile à des royalistes , ils se virent attaquer à l'improviste, pendant la nuit, par une colonne républicaine. Les uns furent tués, les autres durent chercher leur salut dans la fuite : « On voit encore aux boiseries , dit l'abbé de Garaby , les trous des balles lancées par les persécuteurs de quelques hommes inoffensifs. »

A la suite de cette expédition sanglante,

l'abbaye de Saint - Aubin demeura longtemps déserte. Ce fut seulement sous l'épis-
copat de Mgr Le Groing de La Romagère
qu'elle reprit un peu de mouvement. Le
bon prélat consacra le produit d'une quête
faite dans le diocèse de Saint-Brieuc au
rachat de cet asile de paix, dont il voulait
faire une maison de retraite pour les
prêtres infirmes.

Plus tard, les Frères Hospitaliers de
Saint-Jean-de-Dieu s'y fixèrent avec une
petite colonie d'aliénés confiés à leur
garde ; mais, au bout de quelque temps,
les bâtiments devinrent insuffisants, et les
religieux durent songer à se procurer un
lieu plus convenable pour l'exercice de
leur mission de dévouement.

On voit aussi, dans la commune de Plédéliac, le joli *château du Guillier*.

Mais notre course dans le canton de
Jugon s'est suffisamment prolongée, et
voici l'heure de commencer un pèlerinage
au berceau de Du Guesclin. Donc, reprenons le bâton de voyage, et dirigeons-
nous vers la petite ville de Broons, à
3 kilomètres de laquelle est une station
de chemin de fer.

DIXIÈME PROMENADE.

CANTON DE BROONS.

Le canton de Broons compte dans sa circonscription les communes de Broons, de Lanrelàs, Eréac, Mégrit, Rouillac, Sévignac, Trédias, Trémeur, Yvignac. Sa population est de 14,055 habitants. Contrairement à celui de Jugon, il est peu fertile en souvenirs. N'était la grande figure de Bertrand Du Guesclin, dont la glorieuse auréole resplendit au milieu de ce rude et sauvage terroir, nous n'aurions guère à vous entretenir que de ses bruyères étendant leurs nappes roses sur les vastes landes ; — de ses pierres druidiques debout encore, après deux mille ans, dans les vallées de Lanrelas ; — de ses pauvres églises réunissant chaque dimanche les villageois, heureux de se rencontrer autour du clocher qui les vit naître, au pied des autels où leurs unions furent bénies, dans le petit cimetière agreste où, fatigués du travail de vivre, ils viendront dormir un jour avec les ancêtres, à l'ombre des vieux ifs.

La ville de Broons est située à 25 kilomètres de Dinan ; elle a rangé autour d'une halle d'assez chétive apparence une partie de sa population laborieuse, qui, en y comprenant la banlieue, s'élève à 2,306 habitants.

- On y remarque plusieurs maisons bâties avec une certaine élégance.

Le 3 juillet de chaque année, on célébrait jadis par des chants de triomphe, dans l'église paroissiale de Broons, les prouesses du connétable illustre. Prosternons-nous un instant dans le saint lieu ; nous descendrons ensuite vers la route de Saint-Brieuc, et, sur notre droite, après un quart d'heure de marche, nous trouverons

La Colonne de Du Guesclin
et les Ruines de la Motte - Broons.

Cette *Colonne* commémorative fut élevée sous le gouvernement du roi Louis-Philippe Ier, sur les ruines du *château de la*

Motte-Broons, berceau du fier capitaine.
Elle est en beau granit des carrières de
Saint-Pierre-de-Plesguen, et porte pour
inscription ces simples mots :

ICI EST NÉ DU GUESCLIN.

1321.

Autrefois, quand un régiment passait
sur cette route, arrivés au pied de la
colonne, les tambours battaient aux
champs, et les troupes voyageuses faisaient
une halte d'honneur, en témoignage de
patriotique admiration.

Arrêtons-nous aussi dans ces lieux où
s'écoula l'enfance du célèbre batailleur.

Sous les ondulations du terrain au
milieu duquel apparaît le monument érigé au héros breton gisent les dernières
pierres du château de ses pères, rasé en
1616 par ordre des Etats de Bretagne.
Rien, plus rien de cette demeure sur le sol
herbeux et bossué comme celui d'un
cimetière. De jeunes arbres poussent autour de la colonne, qu'une balustrade en
fer défend : c'est là toute la décoration
du monument.

Evoquons du moins ici quelques souvenirs des premières années du guerrier. — Un chroniqueur contemporain d'Olivier Du Guesclin, frère de Bertrand, s'est chargé d'esquisser pour nous le portrait et de raconter brièvement les faits et gestes de l'intrépide enfant de la Motte-Broons.

« Bertrand, — dit-il, — fut de moyenne stature ; le visage brun, le nez camus, les yeux verts, large d'épaules, longs bras, et petites mains. Et parce qu'il n'était pas de grande beauté, il fut peu prisé en sa jeunesse, et souvent l'enfant le moins prisé reçoit en ses jours avancement et honneur. Il advint, à une fête de l'Ascension, que, à la Motte-Broons, vint une (sœur) converse de grande science, laquelle venait souvent à l'hôtel du sire de Broons, qui la recevait débonnairement et ce jour la fit asseoir à sa table. Or, elle vit les trois enfants à une seconde table, et tout au dernier bout était assis Bertrand, qui était l'aîné, et elle demanda au chevalier et à la dame pourquoi on le tenait si vilainement. La dame répondit : Belle amie, en vérité, cet enfant est tant rude, malicieux et divers en courage, que jamais

son pareil n'a été vu ; car jamais homme,
tant soit de haut lignage, ne lui fera ou
dira une chose déplaisante qu'il ne soit aus-
sitôt frappé par lui. Souventes fois sommes
affligés Monseigneur et moi pour les griefs
qu'il fait aux autres enfants du pays, car
jamais il ne cessera de les faire assembler
pour les faire combattre, et lui-même
combat avec eux, dont Monseigneur et
moi désirons souvent sa mort, ou que
jamais il ne fût né. — Madame, répondit
la converse, je vous affirme que par cet
enfant seulement la France sera sauvée,
et de son temps nul ne pourra lui être
comparé dans la chevalerie. De ce, la
dame commença à se réjouir. L'enfant
grandit et prit la coutume d'assembler
les enfants et de les arranger en bataille,
et souvent les faisant combattre si longuement que plusieurs s'en retournaient
navrés et dérompus en leurs maisons, et
Bertrand aussi. Quand la dame le voyait
ainsi, elle lui disait : Malotru, certes, vous
n'êtes point appelé au grand honneur que
disait la converse, car, en vérité, je ne le
pourrais croire... — Bertrand ne tint
compte de cela... Les gens du pays se

plaignirent au sire de Broons que son fils faisait guerroyer leurs enfants de telle manière. Alors fit crier le sire de Broons « que nul ne laissât aller ses enfants avec le sien, » et comme Bertrand allait les chercher, « ils le firent emprisonner. Un soir, une chambrière portait à manger à Bertrand ; comme elle ouvrit la porte, Bertrand en sortit, lui ôta les clefs, et l'enferma dedans ; puis prit une jument et s'en alla à Rennes. »

L'historien fait ensuite le récit du fameux tournoi dans lequel Du Guesclin révéla tout-à-coup la puissance de son bras; puis il poursuit ainsi :

« Quand la dame Du Guesclin ouït ces nouvelles de Bertrand son fils à qui fut donné le prix des joutes de Rennes, ne demandez pas si elle le reçut en grande joie. Au partir de là, s'en alla le sire Du Guesclin à la Motte-Broons avec son fils, auquel il bailla grand état pour suivre joutes et tournois. Bref, tant fit Bertrand que de lui courut grande renommée au duché de Bretagne, et par toute la terre. »

On sait le reste.

Bertrand Du Guesclin, comme presque tous les hommes d'épée de son temps, « lire ne sçavait, escrire ne compter, » dit un vieux biographe ; il avait appris seulement, tant bien que mal, à tracer à peu près son nom au bas des actes importants. Voici le *fac-simile* de sa signature :

Il n'est pas en Bretagne de nom plus populaire que celui de Du Guesclin : Rennes, Saint-Brieuc, Dinan ont élevé des statues à la mémoire du grand connétable.

Nous avons vu tout ce que le chef-lieu de ce triste canton de Broons présente de curieux.

Si de la ville de Broons nous nous rendons à *Sévignac* , commune peuplée de 2,715 habitants, nous remarquerons, au milieu de la campagne boisée,

Le Château de Broondineuf.

Le Château de Broondineuf, construit au douzième siècle, appartenait à la famille de la Motte-Broons. Lorsque nous le visitâmes pour la première fois , en 1853 , un détachement de frères-agriculteurs de la colonie de Saint-Ilan en avait pris possession ; des instruments aratoires de toutes formes étaient suspendus dans les appartements du rez-de-chaussée, dans les escaliers. Près de la table où les travailleurs prenaient leurs repas, en face du large et seigneurial foyer que surmonte une peinture usée, une autre table, chargée de livres, semblait les inviter à nourrir aussi leur intelligence : tout respirait le travail et l'étude dans le noble castel, métamorphosé en exploitation agricole. Plus heureux que celui de la Motte - Broons, le château de Broondineuf est assez bien conservé.

Le château de Limoëlan, en la même commune de *Sévignac*, fut le berceau d'un jeune et brillant officier, du vaillant capitaine Chappedelaine, mort en héros pour la France sur la terre d'Afrique, en 1845.

On peut visiter aussi, dans la commune d'*Yvignac*, le château du même nom, moderne construction élevée sur les ruines de l'ancien manoir des seigneurs d'Yvignac et d'Epinay.

Si vous en avez le courage, nous termi-
nerons notre excursion dans le canton de
Broons par un voyage à travers les bois,
les ruisseaux et les landes de *Lanrelas*.
Mais ayons soin de nous munir de provisions et de partir dès le matin, car, au
bourg de *Lanrelas*, le touriste chercherait
vainement une hôtellerie un peu sortable:
c'est chose inconnue dans ce pays.

La commune de *Lanrelas* est habitée
par une peuplade primitive : le laboureur,
muni d'une corne de bœuf transformée en
trompe, s'y voyait souvent naguère forcé
de défendre ses récoltes contre les loups
et les sangliers coureurs de nuit.

Après vous avoir introduit dans la
moderne église du village, et aux endroits
où furent jadis *les chapelles de Saint-Régent
et de Saint-Malo*; après vous avoir fait
admirer dans sa ceinture de futaies le
domaine de *Coëtbicor*, propriété de la
famille de La Noue, et les sites extraordi-
nairement pittoresques qui se déroulent
des hauteurs voisines, je vous conduirai,
par un chemin indescriptible, vers un
monument druidique désigné par la tradition populaire sous le nom de

La Roche au Géant.

La Roche au Géant se trouve à moins d'un kilomètre du bourg de Laurelas, au fond de deux vallées entre lesquelles coule la Rance, encombrée sur ce point par des blocs de pierres tombés là depuis des siècles. Un dôme d'arbres verts indique le lieu mystérieux où s'accomplissaient, il y a deux mille ans, les sacrifices humains chers à Dianaff, vainqueur des géants et chef suprême des druides.

Cette *Roche,* en effet, fut un autel d'immolation sur lequel on étendait la victime comme sur un lit de tortures : un trou assez profond était pratiqué dans le haut, pour recevoir le sang coulant de la tête, et, dans les autres parties, plusieurs petits bassins creusés grossièrement, dont le temps n'a point encore complètement effacé la forme, recevaient les membres et le torse du patient. L'aspect de ce monument de la barbarie des vieux âges donne le frisson.

Cependant, certains paysans du voisinage, qui veulent trouver de l'or et de l'argent partout, ayant cru voir dans *la Roche au Géant* un coffre-fort de forme antique, s'imaginèrent longtemps qu'il y avait là des trésors et la mutilèrent, sans devenir plus riches, bien entendu.

Nous chercherions inutilement désormais dans le canton de Broons quelque autre monument vraiment digne de fixer l'attention ; abandonnons-le donc pour celui de *Saint-Jouan-de-l'Isle*.

ONZIÈME PROMENADE.

CANTON DE SAINT-JOUAN-DE-L'ISLE

—

Les communes de Saint-Jouan-de-l'Isle, Caulnes, Guenroc, Guitté, la Chapelle-Blanche, Plumaugat, Plumaudan et Saint-Maden forment le canton de *Saint-Jouan-de-l'Isle*, peuplé de 9,169 habitants.

Le chef-lieu cantonal, traversé par les routes de Rennes à Brest et de Dinan à Vannes, est agréablement situé, sur une colline au bas de laquelle coule la Rance. Ses 181 maisons, habitées par 792 individus, s'alignent en majeure partie des deux côtés d'une longue rue. Quelques-uns de ces édifices sont d'une construction soignée.

Une église très médiocrement décorée, une halle bâtie par le marquis de Saint-Pern à la fin du dix-huitième siècle, voilà tous les monuments actuels de Saint-Jouan-de-l'Isle. Le château féodal de *l'Isle* a disparu dès le seizième siècle; il s'est transformé depuis en une productive métairie du même nom, où l'on reconnaît encore les douves de la seigneurie.

Voici, à 8 kilomètres de St-Jouan-de-l'Isle, la commune de Plumaugat, la plus considérable du canton (2,453 habitants) ; ses bois, ceux de Penguily et de la Perchais, couvrent 200 hectares de terre. On y voit les ruines du vieux château, jadis habité par les braves chevaliers de Plumaugat.

A la même distance, en Guitté, citons aussi *le château de Coëllan* et les ruines du *manoir de Beaumont*, antique résidence des barons de Guitté, dont le nom figure glorieusement dans les fastes militaires de la Bretagne. — Robert de Guitté s'empara successivement des châteaux de Saint-Malo et du Plessix-Bertrand ; il ne rendit les clefs du premier qu'au duc de Bretagne rentrant dans ses Etats. — Guillaume de Saint-André, poète du cru, l'a célébré dans ces vers :

« Guitté qui capitaine estoit
De Dinan, de longtemps avoit
Et en vieux faits étoit habile :
Les clefs il rendit de la ville. »

Les carrières d'ardoises des *Hulins* et de *la Ville - Morvan*, dont les produits sont assez estimés, font partie du territoire de Guitté. On trouve aussi dans la même commune du grès propre à aiguiser.

Le château du Lattay, noble résidence de Bertrand II de Saint-Pern au quatorzième siècle, s'élève toujours au même canton de Saint-Jouan, dans la jolie petite commune de *Guenroc* (577 habitants), dont le bourg, perché sur un sommet rocheux, au bord de la Rance, est l'un des plus pittoresques de Bretagne.

L'ancien *château de la Vallée*, en Plumaudan, n'existe plus. Il est remplacé par une habitation moderne très confortable et qui porte le même nom.

Tout près de ce domaine, le voyageur remarquera, sur le bord de la route de Dinan à Caulnes, une croix granitique portant les armes des seigneurs de La Vallée, pieux monument élevé dans ces lieux par Alain de La Roche, prédicateur célèbre.

La chapelle de Saint-Meleuc, au même territoire, fut détruite en 1793. Mais l'église de Plumaudan, reconstruite depuis peu d'années, est convenable et suffit aux 1,243 habitants de cette commune. On a découvert, en fouillant le sol pour les travaux, trois statues grossièrement taillées par quelque Phidias rustique d'autrefois : l'une représente saint Maudan ; l'autre saint Antoine, ermite, flattant un jeune pourceau ; la troisième sainte Agathe, en grande vénération parmi les nourrices bretonnes. — Le Musée de Dinan a fait l'acquisition de ces spécimens de l'art chrétien en Bretagne il y a mille ans.

Avant de rentrer à Dinan, visitons encore, dans le canton de Saint-Jouan, l'importante commune de *Caulnes* (2,050 habitants).

Le bourg de Caulnes, jusqu'à l'an VII de l'ère républicaine, fut le chef-lieu cantonal. Sous la révolution, il devint le théâtre de deux combats sanglants. Le général Champeaux, en 1795, y livra aux royalistes une bataille acharnée et déplorable.

La compagnie du chemin de fer de l'Ouest a construit à Caulnes une petite gare qui favorise singulièrement le développement du commerce agricole dans le canton de Saint-Jouan-de-l'Isle — Les travaux nécessités par l'établissement de la voie ont mis à découvert, près de la gare de Caulnes, des ruines romaines assez intéressantes, que l'on croit être les restes d'une salle de bains.

Caulnes est la patrie de Matthieu Ory, qui, sous le pontificat du pape Jules III, occupa un poste important. Défenseur de saint Ignace de Loyola en cour de Rome, théologien distingué, prédicateur capable, Matthieu Ory était encore un diplomate fort habile, dit-on. — Matthieu Ory mourut à Paris, le 12 juin 1557. Il a laissé plusieurs ouvrages sur le péché originel, les images et les hérésies ; mais ces livres sont devenus aussi rares à Caulnes qu'à Paris.

Le chef-lieu communal ne possède d'autre monument que son église, restaurée par les soins de M. de Saint-Pern, et assez convenablement décorée ; d'autre établissement industriel de quelque importance, qu'une tannerie et une minoterie, dirigées par M. Barbé. — Comme dans le reste de l'arrondissement, on s'y livre généralement à l'agriculture, au commerce du beurre et du bois.

Il nous reste encore deux cantons à explorer, ceux d'*Evran* et de *Matignon*.

DOUZIÈME PROMENADE.

CANTON D'ÉVRAN.

Le canton d'Evran, comprenant les communes d'Evran, Le Quiou, Plouasne, Saint - André - des - Eaux, Saint - Judoce, Saint-Juvat, Tréfumel, compte 10,773 habitants, répandus sur une surface d'environ 12,000 hectares. Il est riche en sablon calcaire, employé comme amendement pour l'agriculture.

La route de Dinan à Rennes, par la Barre de Bécherel, est celle qu'il faut suivre pour nous rendre au chef-lieu du canton, peuplé de 4,397 habitants. Mais, avant d'y arriver, nous verrons en passant, sur notre gauche, le joli domaine de *Pontcadeuc*, remarquable par ses avenues spacieuses. Au bout de ces belles lignes de futaies, on découvre une tranquille gentilhommière, cachée comme un nid sous la feuillée. La terre de *Pontcadeuc* est la propriété de la famille Royer de Linclays.

A droite de la même route, en avançant

vers Evran, nous apercevons encore de longues colonnades arborescentes , un parc, de jeune taillis : c'est sous ce voile de verdure, parfumé dans les beaux jours par les senteurs du chèvrefeuille et des roses, que s'élève

Le Château de Beaumanoir.

Le Château de Beaumanoir actuel date de 1628 à 1630. Il remplace l'antique demeure qui fut le berceau du héros de Mi-Voie. C'est un vaste corps de bâtiments précédé d'une cour aux côtés de laquelle s'étendent deux ailes ornées de sculptures et de tourelles. Les salles basses , servant de cuisines et de dépôts d'approvisionnements, sont dallées en pierres. On accède aux appartements supérieurs par un perron de construction très simple. L'écusson seigneurial est soutenu, au-dessus du portail, par deux lions.

La fraîcheur des dépendances qui l'environnent double les agréments de cette résidence : vastes étendues de prairies, lacs, grands bois , jardins en fleurs, tout est réuni dans ce noble séjour pour charmer le regard et faire rêver le cœur.

Nul n'ignore que le nom de Beaumanoir est, avec celui de Du Guesclin, le plus illustre et le plus populaire de Bretagne. C'est à Jean de Beaumanoir, pris de soif et succombant aux fatigues de la lutte, lors du combat fameux de trente chevaliers bretons contre trente chevaliers anglais, qu'un de ses compagnons adressa la célèbre apostrophe : « *Beaumanoir, bois ton sang !* » cri sublime, devenu la devise de la famille. — Cependant, aussi pacifique que vaillant, Jean de Beaumanoir était cité comme le chevalier le plus loyal et le plus éclairé de son siècle. Plus d'une fois, dans ces temps héroïques où toutes les questions se tranchaient ordinairement avec le glaive, il essaya d'arrêter l'effusion du sang en proposant des conditions honorables pour tous les partis.

Le château de Beaumanoir est aujourd'hui habité par le sympathique marquis de l'Angle-Beaumanoir, naguère préfet des Côtes-du-Nord.

Le château du Mottay, gracieusement assis en face des avenues de Beaumanoir, appartenait en 1788 à M. Chauchart d'Argentel. Il est devenu la propriété d'un de ses honorables descendants.

Il n'y a qu'un pas maintenant d'ici le bourg d'*Evran*, que voici devant nous, au bord du canal d'Ille-et-Rance.

Rangées, pour la plupart, sur deux lignes parallèles, aux côtés de la grande route, les maisons d'Evran sont, en général, convenablement bâties. On remarque surtout les beaux et vastes logements du presbytère, à l'entrée du bourg, et bon nombre de maisons bourgeoises neuves. Il se fait dans cette commune un grand commerce de bois, facilité par la proximité du canal.

Ne traversons pas le bourg sans visiter

L'Eglise d'Evran.

L'Eglise d'Evran, telle que nous la voyons aujourd'hui, témoigne de ce que peut l'influence d'un bon pasteur, la piété des fidèles et l'esprit d'association. C'est au concours de ces trois causes, c'est au désintéressement généreux des habitants d'Evran et au dévouement de son clergé qu'est due la restauration de cet édifice dans les proportions larges et remarqua-bles qui frappent nos regards. Colonnes de granit, statues, vitraux peints, sculptures murales, scènes des Saintes Écritures, tout est réuni pour faire de l'église d'Evran un monument digne de sa destination. Si, au point de vue de l'art, on n'a pas atteint toute la perfection désirable, il faut songer à l'aide de quelles ressources l'entreprise a été conduite.

Après six longs jours de rudes travaux, l'homme des champs se repose avec bonheur sous ces voûtes blanches, environné de ces vitraux où son œil retrouve les couleurs merveilles des fleurs et des fruits de ses vergers, en face de cet autel où réside Celui qui a dit : « Venez à moi, vous tous qui supportez le poids du jour et de la chaleur, et je vous soulagerai. »

Si nous continuons notre marche dans le canton d'Evran, nous trouvons : à Saint-André-des-Eaux, une église très ancienne, un presbytère plus d'une fois réduit à l'état d'îlot, en des jours d'inondations, et les débris du château du *Besso* ; — en

Le Quiou, les ruines du château de *Hac*, transformé en métairie ; — à Saint-Judoce (jadis ermitage d'un saint que les jeunes femmes invoquent contre la stérilité), une église du quinzième siècle, et la gentilhommière du Fournet ; enfin, en Plouasne,

Le Château de Caradeuc.

Le Château de Caradeuc repose sur un prolongement pittoresque des hauteurs de Bécherel. Il est de construction moderne (XVIIe siècle). De grands bois de sapins, de mélèzes, de frênes, d'épais taillis, de riches moissons, des jardins parfumés couvrent les plateaux et les pentes des collines qui l'environnent ; la fraise carminée et les bleus myosotis y croissent parmi la mousse. Les magnifiques horizons que l'on découvre des sommets verdoyants de *la Motte-à-Madame*, de *Montafilant*, et le voisinage de la très antique petite ville de *Bécherel* font de ce domaine un agréable séjour.

C'est sur ces mêmes sommets, illuminés de flammes projetant au loin des reflets de pourpre, que, durant les nuits étoilées, le barde Caradeuc chantait, il y a treize cents ans, les mystérieux cantiques du Druidisme ; c'est à ces mêmes ombrages que le fameux procureur général Caradeuc de La Chalottais et le vicomte de Falloux, époux de la noble héritière du dernier marquis de Caradeuc, venaient demander un peu de paix après d'âpres luttes.

Nous ne saurions quitter l'importante commune de Plouasne sans visiter l'église paroissiale, élevée par la piété de ses habitants : c'est l'une des plus belles de l'arrondissement de Dinan. Plusieurs de ses vitraux historiés, offerts par les principales familles du pays, ont une valeur artistique très-réelle.

Non loin du domaine de Caradeuc et des limites de Plouasne est un vaste établissement religieux que le touriste visitera avec intérêt ; c'est celui dit de

La Tour Saint-Joseph.

Le monastère de *la Tour Saint-Joseph*, situé en la paroisse de Saint-Pern, limitrophe de celle de Plouasne, est la maison-mère de l'ordre des Petites-Sœurs des Pauvres, auquel une humble servante,

Jeanne Jugan , deux fois couronnée par l'Académie française (prix Montyon de 3,000 francs), a donné naissance.

Cette moderne héroïne de la charité fut énergiquement secondée dans son œuvre admirable par M. l'abbé Lepailleur, vicaire en la ville de Saint-Servan , habitée aussi par la bonne et pieuse Jeanne Jugan.

Plus tard, M. l'abbé Lelièvre et plusieurs autres dignes prêtres joignirent leurs efforts à ceux des généreux fondateurs, et bientôt cent établissements furent desservis par les Petites-Sœurs des Pauvres ; et les beaux jardins que nous voyons aujourd'hui furent ouverts, et les bâtiments spacieux, et la magnifique église surmontée d'une statue monumentale de saint Joseph s'élevèrent comme par enchantement dans cette solitude champêtre.

Une riche princesse polonaise est venue se revêtir à *la Tour Saint-Joseph* de l'habit des Petites-Sœurs des Pauvres.

Jeanne Jugan, devenue presque aveugle, y a pris sa retraite sous le nom de sœur Marie de la Croix.

Avant de revenir à Dinan, il nous reste à voir des curiosités géologiques extrêmement intéressantes. Ce sont

Les Bassins de Sablon Coquillier de St-Juvat et du Quiou.

Les belles campagnes d'Evran, de Saint-Juvat, de Tréfumel, du Quiou, que nous voyons aujourd'hui couvertes d'une coquette parure de moissons blondes, de bluets, de coquelicots, de fleurs de lin et de blé-noir, ces grasses étendues de prairies se déroulent sur des couches sablonneuses submergées par la mer paléothérique en des siècles si reculés, dit la science moderne, que nul ne saurait les déterminer d'une manière précise. Arrêtons-nous au déluge, et ne discutons plus ; ce sera bien suffisant. Le flot, en se retirant, a laissé dans ces lieux d'inépuisables sources de fécondité.

Parmi les nombreux observateurs dont l'attention s'est fixée sur les gisements coquilliers du canton d'Evran, il n'en est aucun dont l'œil investigateur ait fouillé avec plus de courageuse persistance que M. Marie Rouault, autrefois simple barbier, devenu plus tard directeur du musée géologique de la ville de Rennes. Malheureusement, depuis, tout a changé pour lui.

M. Rouault partait à pied, le sac sur le dos, comme le soldat intrépide marchant aux conquêtes, pour explorer les profondeurs de cet ancien lit du vieil Océan. Il revenait le soir, heureux de sa moisson scientifique, rapportant 20, 25, 30 kilogrammes de sables et coquillages pétrifiés. Le lendemain, son marteau, rejetant la poussière durcie, comme on rejette l'écorce d'un fruit, découvrait des dents de requins, de phoques, des coquilles dont les espèces, disparues depuis des milliers d'ans, sont inconnues des naturalistes ; des fragments de squales, de baleines, etc.

Longtemps avant les recherches du géologue rennais, on avait acquis des preuves irrécusables de l'invasion de la mer dans cette partie du pays dinannais : des nageoires, des dents, des yeux de poissons abandonnés par les siècles, des coraux en avaient été retirés. — On trouva même en 1805, à Saint-Juvat, dit Habasque, une ancre en fer à deux becs ; vers la même époque, on y découvrit aussi des restes de quais et des organeaux.

« Le sable coquillier de Saint-Juvat et de

Tréfumel, ajoute l'auteur des *Notions Historiques*, est de même nature que celui qu'on appelle *falun* en Touraine, où l'on en tire un grand parti en agriculture. »

Les cultivateurs du département des Côtes-du-Nord, comme ceux d'Indre-et-Loire, apprécient parfaitement les avantages résultant de l'emploi du sablon sur les terres appauvries.

Laissant à d'autres le soin d'interroger plus longuement les sables de Saint-Juvat, contentons-nous d'y chercher quelques fossiles, comme l'on cueille une fleur dans un riche parterre, puis revenons à Dinan, où le coche nous attendra demain pour nous transporter à *Matignon*.

CANTON DE MATIGNON.

Le canton de *Matignon*, dont la population est de 13,182 habitants, se compose des communes de Matignon, Hénansal, Hénanbihen, La Bouillie, Pléboulle, Pléhérel, Plévenon, Ruca, Saint-Cast, Saint-Denoual, Saint-Pôtan, Notre-Dame-du-Guildo.

S'il vous plaît de parcourir en rêvant les dunes solitaires, de respirer à pleine poitrine l'air pur des grèves, si vous désirez contempler les magnifiques développements de la mer et du ciel embrassant les espaces infinis, si les bruits de l'Océan au bord des falaises nues et des montagnes rocheuses déchirées par l'effort perpétuel des vagues ont pour vous des charmes, il faut voir le canton de *Matignon*.

Les Goyon-Matignon, qui donnèrent

leur nom à la circonscription territoriale que nous visitons, vivaient dès le dixième siècle ; ils se disaient *les premiers bannerets* de la province de Bretagne, et comp-taient parmi leurs vassaux les d'Avaugour, les du Bois de La Motte, les La Moussaye, les Gallinée, etc.

Si nous ouvrons le livre de l'histoire, nous y lisons qu'en effet, cette famille rendit d'immenses services au pays. — N. Goyon chassa les Normands de la Bretagne en 937, et bâtit le château de *la Roche-Goyon,* devenu le fort *Lalatte.* — Jean Geoffroy Goyon, en 1213, fut député par les Etats au roi Philippe-Auguste, et demanda vengeance contre Jean-Sans-Terre, assassin du jeune prince Arthur. — Louis Goyon était avec Beaumanoir au nombre des Trente chevaliers de Mi-Voie, en 1350. — A la bataille de Cocherel (1364), un Goyon - Matignon portait l'étendard de Bertrand Du Guesclin. — Enfin, quatre évêques, un amiral, quatre maréchaux de France sortirent de cette noble maison, dont les derniers descendants célèbres sont devenus souverains de la principauté de Monaco.

Ces détails prouvent que le nom de a petite ville de *Matignon* est l'un des plus illustres dans les annales bretonnes.

Le chef-lieu communal actuel de *Matignon*, situé à 28 kilomètres de Dinan, possède une population saine et robuste, mais peu considérable, 1,356 habitants. On y voit des rues non pavées ; une place ornée de quelques arbres ; plusieurs maisons construites avec goût ; une église neuve et très remarquable, dans laquelle les Matignonnais sont fiers d'introduire le touriste. C'est là tout. Nul monument, nulle inscription n'y rappelle la puissance de l'illustre famille qui donna son nom à ce pays.

Le canton, l'un des plus avancés de la Bretagne sous le rapport du progrès agricole, est aussi l'un des plus riches du pays dinannais en souvenirs religieux et guerriers, en beaux sites, en monuments, en grands aspects.

On y trouve plusieurs *tumulus*, notamment dans les communes de Hénansal et de Hénanbihen ; — des traces de voie romaine en celles de La Bouillie et de Saint-Pôtan. Sous les dunes de cette dernière paroisse et de Notre - Dame - du-Guildo, au lieu dit *Quatre-Vaux*, les restes très curieux d'un établissement romain découvert en 1850 par M. Charles Cunat et M. Hippolyte de La Morvonnais. On remarque, dans ces débris du luxe étranger, des fresques, des marbres soigneusement travaillés, des escaliers de granit, des revêtements en coquillages, etc.

Les châteaux de *Saint-Guédas* ou *Guêtas*, en Henansal, — de *la Villethéart*, en La Bouillie, — de *la Ville-Roger*, du *Vau-Rouault*, en Pléhérel, — du *Meurtel*, en Plévenon, etc., offrent encore à l'amateur de jolis buts de promenades.

L'artiste, le poète, l'homme sensible s'arrêteront surtout avec une émotion profonde, avec un pieux respect, devant

Le Manoir du Val.

Situé dans l'ancienne commune de Saint-Pôtan, dont le nom rappelle un des premiers apôtres de l'Armorique, — saint Pôtan vivait en 585, — *le Manoir du Val* fut la demeure préférée du poète malouin Hippolyte de La Morvonnais, de cet homme de cœur et de talent dont un publiciste célèbre a dit : « Si dans le monde politique *les plus dignes* occupaient le premier rang, *aucun* rang n'eût été trop élevé pour Hippolyte de La Morvonnais. » (Emile de Girardin, *Presse* du 12 juillet 1853.)

C'est au manoir du Val, c'est sur les dunes sablonneuses, à l'ombre des bois qui l'environnent, que l'auteur de *la Thébaïde des Grèves* et du *Vieux Paysan* soupira ses plus tendres élégies ; celle-ci, entre autres, après la mort d'une épouse bien-aimée :

MESSAGE A MON MANOIR.

Que fais-tu maintenant, ma thébaïde aimée ?
Te voiles-tu de deuil comme mon cœur désert ?
Pleures-tu ? Les rosiers de ta cour parfumée
S'ornent-ils de boutons devant le perron vert ?

Du premier rossignol la chanson réclamée
Si vivement par nous, que fatiguait l'hiver,
Se mêle-t-elle enfin à la brise charmée
Et sonne-t-elle au bois avec la lente mer ?

Ton œil demande-t-il la blanche châtelaine
Au vieux château qui croûle, au rivage où l'haleine
Du vent s'aromatise, au havre villageois ?

O manoir ! attends-tu que ton ange revienne ?
Ou de loin, accordant ta pensée à la mienne,
Rêves-tu, plein d'amour, aux bonheurs d'autrefois ?

C'est à Hippolyte de La Morvonnais que les habitants de *Notre - Dame - du - Guildo* doivent la création de leur commune actuelle, et l'érection du temple que voici à quelques pas du manoir.

Sur une pierre élevée dans le cimetière rustique, près de l'église modeste, le voyageur lit aujourd'hui cette simple inscription :

ICI GIT
HIPPOLYTE MORVONNAIS,
fondateur de cette église,
ET BIENFAITEUR DE LA PAROISSE.

Né le 11 mars 1802, à Saint-Malo, Hippolyte de La Morvonnais mourut à Pleudihen, le 4 juillet 1853.

Après les églises, nous signalerons dans le canton de Matignon : A Hénansal, une croix portant la date de 1400, et une enceinte de 30 à 40 mètres, où les antiquaires ont cru voir un témène druidique, ou un camp romain, ou tout autre établissement (on assure qu'au temps de la Ligue, les Calvinistes s'assemblaient en ce lieu). — 2° A Saint-Denoual, le village de la Guyomarais, où le célèbre et malheureux marquis de la Rouarie fut frappé de mort en

1793. Douze à quinze cents médailles celtiques ont été trouvées à Saint-Denoual en avril 1821.

Mais nous avons oublié, tandis que nous étions dans son voisinage, de vous parler de

La Tour de Montbrand
et la foire du même nom.

La Tour de Montbrand, haute de 12 à 13 mètres, s'élève, en la commune de Pléboulle, sur le sommet d'une colline, au bord du Frémur : ce n'est plus qu'une triste ruine voilée de ronces et de lierre. Chaque année, quand revient le 14 septembre, les populations des arrondissements de Dinan et de Saint-Brieuc, les filles rougeaudes du Cap, de Saint-Cast et de Pléhérel, les forts garçons de la côte s'y pressent en foule, attirés par *la foire de Montbrand*. Alors des légions de marchands étalent pendant dix jours aux yeux des promeneurs toutes les créations de la fantaisie : tissus bariolés, fins mérinos, épais berlinges, dentelles dignes des autels de la Madone, montres d'or, d'argent, de cuivre et de plomb, à côté des vases de toutes sortes qui constituent ce que l'on nomme dans le pays *la porcelaine de Lamballe*, qu'il ne faut pas confondre avec la porcelaine de Sèvres, de Chine ou du Japon.

Les amoureux viennent à Montbrand payer des *parts de foire* à leurs *promises* ; — les gourmets y dégustent le cidre jaune coulant à pleins bords sur les tables dressées à l'abri de tentes en toile, heureux si, pour couronner la fête, buveurs et marchands ne finissent par s'administrer des coups de bâtons. Cela s'est vu.

Comme la tour de Montbrand, dont l'âge est complètement ignoré, l'origine de cette foire remonte fort haut dans le passé.

Voici plus loin, à quatre kilomètres de Matignon, une commune qui fut, il y a cent ans, le théâtre d'une bataille sanglante entre deux peuples que la civilisation, aussi bien que leurs mutuels intérêts, ont heureusement réconciliés : c'est

Saint-Cast, son champ de bataille et sa colonne commémorative.

Le bourg de *Saint-Cast* étend sur de sablonneuses élévations, au bord de la mer profonde et murmurante, son joli groupe de cent feux, couronné par une population de pêcheurs intrépides. — Ses sommets accidentés, son village de la Garde, ses plateaux d'Anne et du Chêne, ses défilés de Lesrots, dont l'histoire conserve les noms dans ses annales, sont montrés avec orgueil encore aujourd'hui par les habitants du pays.

C'est là qu'en 1758, une flotte anglaise de cent voiles, commandée par l'amiral Howe, opéra le débarquement d'une armée de huit mille hommes, sous les ordres du général Bligh et du major-général Dury.

Des excès déplorables furent commis dans le canton de Matignon par les régiments britanniques, ils promenaient l'incendie à leur suite, faisaient chauffer leurs chaudières avec les gerbes amoncelées. Aussi, quand le duc d'Aiguillon put arriver en forces suffisantes au secours du courageux Ville-Audrains, qui, soutenu par une poignée de braves, avait d'abord fait tête à l'ennemi, les représailles furent terribles ; les Français, exaspérés, poursuivirent jusque dans les flots rouges de sang les légions anglaises éperdues.

Une colonne commémorative fut érigée le 11 septembre 1858, cent ans, jour pour jour, après la bataille, sur les glorieuses dunes de Saint-Cast.

Ce monument est surmonté d'un groupe en bronze représentant le léopard terrassé par un chien, symbole de la garde fidèle que firent nos pères.

Entre autres inscriptions, on y lit cette antique et noble devise de l'ancienne Bretagne :

Potiùs mori quam fœdari !

Ce fut un jour de profonde émotion que celui de l'inauguration de la colonne de Saint-Cast. Après les discours des dépositaires de l'autorité, un poète inspiré, M. Frédéric de La Noue, comme les bardes des anciens jours, redit en beaux vers la vaillance des ancêtres : Tous firent leur devoir, s'écria-t-il, le regard au ciel :

Tous firent leur devoir, les soldats de la France
Et les enfants d'un sol altéré de vengeance
S'élancèrent pareils de courage et d'honneur,
Les simples fils des champs près des fils de Versailles
Tinrent ferme à l'envi sous le feu des batailles,
   Pour toujours égaux par le cœur.

Au bruit de ce combat, sur sa montagne altière,
Saint-Malo tressaillit dans son corset de pierre,
Duguay-Trouïn frémit dans sa tombe, et, le soir,
Des vieux héros Bretons les ombres apparurent
Sur cette plage heureuse, et les Trente accoururent
  Au cri joyeux de Beaumanoir.

O nos braves aïeux ! planant sur ces rivages,
Inspirez à vos fils d'unanimes courages !
Que tous à votre exemple, affrontant le danger,
Sachent braver la mort et prodiguer leur vie !
Sous les drapeaux vainqueurs il meurt digne d'envie
  Celui qui chasse l'étranger !

Ces strophes patriotiques firent couler des larmes.

A quelques pas de la colonne est un lieu nommé *le Cimetière des Anglais*. C'est là que furent inhumés les soldats étrangers tombés sur le champ de bataille.

Plaignons ces malheureuses victimes des insatiables ambitions, de l'orgueil humain, et, tout en conservant le culte sacré de la patrie, déplorant ces luttes, répétons désormais avec un poète qui fut cette fois bien inspiré :

 « Peuples, formez une sainte alliance
 » Et donnez-vous la main ! »

Portons maintenant nos pas vers l'extrémité du canton, en la commune de Plévenon, dont le bourg est à 8 kilomètres de Matignon. Voici

Le Cap Fréhel et son Phare.

Debout sur un promontoire anguleux, au bord de l'abîme, comme une sentinelle géante dont l'œil de flamme interroge l'immensité, *le Phare du Cap Fréhel* projette ses éclairs à quarante kilomètres sur les étendues de la mer, toujours tonnante à sa base. Il avertit le navigateur que la côte bretonne, hérissée d'écueils, est redoutable aux vaisseaux.

La belle tour de granit qui le porte, haute de 20 mètres, et située par les 4° 39' 24" de longitude ouest, par les 48° 41' 5" de latitude nord, élève l'appareil d'éclairage à 75 mètres au-dessus des plus hautes marées ; ses feux à éclipses se succèdent toutes les 2 minutes 45 secondes. On arrive au foyer d'illuminations par un escalier en pierre au bout duquel il faut gravir les barreaux étroits d'une courte échelle métallique, pour contempler l'imposant spectacle d'horizons sans limites, au milieu desquels apparaissent, comme des points dans l'espace, l'île de Jersey, la ville de Saint-Malo, la côte normande.

Du côté du continent, l'œil découvre de tristes landes, de maigres plantations incessamment battues des vents sur ces steppes nues que rien ne défend contre la rage des tempêtes. *Le Cap Fréhel* n'en est pas moins un des points les plus curieux de l'arrondissement de Dinan.

Dans les flancs déchirés de la presqu'île de Fréhel, entre le phare et le fort Lalatte, le flot s'est creusé, depuis des siècles, un souterrain que les vieux habitants du Cap désignèrent jadis sous le nom de *Toul-an-Ifern*,

Le Trou de l'Enfer.

Le Trou de l'Enfer est un gouffre profond de plusieurs centaines de mètres, sur un à deux kilomètres de prolongement, où l'imagination des riverains crut longtemps entendre les gémissements étouffés des âmes vouées aux supplices éternels. Ces plaintes n'étaient autres que celles de l'Océan se précipitant dans cette sombre impasse dont les voûtes naturelles mesurent 60 à 80 pieds de hauteur. On ne peut visiter *le Trou de l'Enfer* avec sûreté qu'à l'époque des marées d'équinoxe, et seulement pendant quelques heures, encore doit-on prendre de grandes précautions. Ce n'est pas là, du reste, le rendez-vous de nombreux touristes.

Le monument militaire qui se dresse là-bas, à 4 ou 5 kilomètres du phare, sur une gigantesque assise de rochers à pic, est

Le Fort Lalatte.

Le Fort Lalatte remplace l'antique château de *la Roche-Goyon*, dont nous avons dit un mot au commencement de ce chapitre. — En l'année 937, selon un vieux barde de Bretagne,

> Un chevalier illec estoit,
> Qui le nom de Goyon portoit,
> Bel et gent en toute manière,
> Et qui estoit chief de bannière :
>
> Cil Goyon, qui deçà, de là,
> Occissait tout, sans dire holà,
> Cette gent normande et danoise
> Qui tant leur avait fait de noise.

En 1689, le roi Louis XIV força le descendant de l'illustre banneret de vendre à l'Etat le château de *la Roche-Goyon*, dont le nom, par l'ordre du même monarque, fut changé en celui de *fort Lalatte*, qu'il porte de nos jours.

Le fort Lalatte, défendu par des meurtrières, des batteries basses et des batteries barbettes, est pourvu d'un four à rougir les boulets. Il est inexpugnable du côté de la mer, dont il domine et protége les rivages.

Sous la Ligue, le fameux Saint-Laurent, lieutenant de Mercœur, essaya vainement de s'en emparer par terre. — Dans les Cent Jours, il fut enlevé par les royalistes, puis repris bientôt par le général Fabre, à l'aide d'un bataillon de marins.

Le voyageur peut visiter encore, dans le voisinage du Cap, l'anse de *Sévigné*, la baie de *la Fresnaie*, la grotte *d'Apollon*, et, chemin faisant, en revenant vers Dinan, *le Port-à la-Duc* et *le port du Guildo*.

QUATORZIÈME ET DERNIÈRE PROMENADE.

LES BORDS DE LA RANCE
de Dinan à Saint-Malo.

« Les bords de la Rance, » a dit Chateaubriand dans ses *Mémoires*, « mériteraient seuls d'attirer l'attention du voyageur. »

Aux beaux jours, c'est une promenade charmante que celle de Dinan à Saint-Malo le long de ses verdoyantes rives, et vous voudrez bien, en notre qualité de *cicerone*, nous permettre de la faire en votre compagnie. — Nous voulons saluer avec vous ces rochers géants vieux comme le monde ; — ces coulées ombreuses que les Faunes et les Sylvains semblent habiter encore ; — ces collines ininterrompues, couronnées ici de futaies, de blonds épis ondoyant sous les brises de la mer ; là, d'humbles cabanes de pêcheurs ; plus loin, de villas éclatantes environnées de jardins embaumés, gracieuses comme de jeunes reines au milieu de leurs cours.

Autrefois, si nous en croyons l'auteur de *Tristan le Voyageur* (Marchangy), « le voyage de Dinan à Saint - Malo par la Rance se faisait sur de grandes barques aux amoiries des seigneurs de Dinan et conduites par les hommes de ces magnifiques seigneurs. Ce voyage par eau était fort plaisant. » — Plus tard, de petits bateaux très incommodes, dans lesquels voyageurs et marchandises étaient entassés, furent affectés à ce passage. On quittait le plus souvent ces tristes nacelles en grelottant, trop heureux lorsqu'on n'en sortait pas mouillé jusqu'à la moelle.

Aujourd'hui, grâce à Dieu et à la science, il n'en est plus ainsi : c'est sur un commode navire à vapeur que la traversée s'effectue. Les 25 à 30 kilomètres qui séparent Dinan de Saint-Malo sont parcourus en deux heures et demie, au plus.

Ecoutez !... le sifflet fait entendre un second appel: une épaisse fumée s'échappe des tubes frémissants vers le ciel un moment assombri ; au troisième son , le rapide paquebot franchira l'espace comme avec des ailes, entraîné par le moteur puissant... Hâtons-nous de monter à bord.

Le capitaine a donné le signal ; les matelots sont à leurs postes : nous appareillons...

Au revoir ! frais vallons de Tressaint de Léhon, de Lanvallay ; clochers bleus, blanches retraites, montagnes, vergers, coteaux, prairies, remparts et tours antiques, beau viaduc de Dinan, au revoir !... Au revoir ! cité favorite des vieux ducs, « perle de Bretagne, » enchâssée dans un cadre d'émeraudes ; splendide corbeille où la prodigue nature épand, magnifique en sa profusion, et les fleurs et les festons verts, et l'azur et les rayons d'or...

Les jolis cottages des *Combournaises*, de *la Vigne*, de *Grillemont*, la vallée des *Eaux Minérales* s'effacent avec le brillant paysage.

Du moulin de *Beaudoin* nous arrivons à *la Courbure*, dont les entrailles rocheuses sont déchirées depuis cinquante ans par les marteaux de l'industrie.

Les vestiges d'un petit temple délabré que nous voyons à droite, et dont le seuil s'enfonce tristement sous les décombres, sont tout ce qui reste de la chapelle populaire autrefois connue sous le nom de *Notre-Dame-de-Bon-Reconfort*. Les voyageurs de la mer, après de périlleuses traversées, venaient là suspendre des *ex-voto*.

Sur le sommet voisin, dit la tradition, un bon ermite avait sa cellule.

Les rochers ont aussi leurs noms sur ces bords fréquentés : près de la Courbure, à droite, voici celui de *Landeboulou*, nom d'une petite agglomération à laquelle un dicton populaire attribua jadis 14 maisons et 15 coucous ; à gauche, vers Taden, celui du *Petit-Lucas*, développant sa masse grise près de *l'Asile du Pêchenr*, modeste hôtellerie bien connue des mariniers, qui ne sont pas tous buveurs d'eau et verraient volontiers croître la vigne sur les coteaux de la Rance, à côté des pommiers, comme au temps passé.

Entre la crique du *Petit-Josselin* et le rocher de *la Pétrolle*, le steamer qui nous emporte passe sur les débris d'une voie romaine dite aujourd'hui *la Muraille de l'Œuvre*. César, il y a dix-huit siècles, déploya ses enseignes dans ces belles campagnes, courbées sous le joug de fer de ses légions. Le territoire de Taden garde des traces nombreuses de l'occupation étrangère : briques, poteries, médailles, etc.

De *la Muraille de l'Œuvre* nous arrivons aux *Moulins-Neufs* ou de *Chante-Oiseau*, à *la Croix de Taden*, à *la Plaine de Taden*, vaste nappe liquide d'où nous apercevons, dans l'éloignement, le petit clocher du même nom, près duquel reposent les restes mortels de M. et de Mme de La Garaye.

L'éminence qui succède est le rocher du *Gros-Lucas*, près de *la Petite-Œuvre* et du village du *Petit-Châtelier*.

La roche du *Fournoi*, sur notre droite, est le point où les anciens bateliers du passage administraient *le baptême*, en échange d'un pourboire, aux voyageurs naviguant pour la première fois sur la Rance.

Pénétrons maintenant dans l'écluse de *Livet* ou du *Châtelier*. — Le village pittoresque qui la domine à gauche lui donna son nom. — A droite s'étendent des campagnes boisées.

En quittant l'écluse, nous avons, à

gauche , la montagne de *la Hisse* , assise sur les groupes granitiques de *la Tourniole ;* une fraîche résidence, dite *le Val de Rance,* couronne ses pittoresques sommets ; — à droite , la pointe de *l'Essart.* Tout près, un autre bloc, haut de 40 pieds , est désigné sous le nom de *la Moiselle* ou de *la Potence des Dinâmmas.* La forme qu'il affecte a quelque rapport avec cette dernière appellation.

Le pont en fer , d'une seule arche, qui surgit ici, au-dessus de la rivière et de la vallée, est un de ceux du chemin de fer stratégique de Cherbourg à Brest, et des plus hardiment jetés de cette ligne ; il mesure 90 mètres.

Sur la colline, à gauche, pose *le château du Petit-Châtelier* , gracieuse demeure de la famille d'Albyville, puis les moulins de *Rochefort.*

Vient ensuite le havre de *Morgrève,* au-dessus duquel s'élève le beau village de *la Vicomté,* grand pourvoyeur de bois de la cité malouine ; — puis le moulin du *Prat ;* — puis le frais village de *La Matz.*

Le second lac où le paquebot rapide nous promène en ce moment est *la plaine de Mordreuc*, dénomination que plusieurs antiquaires traduisent par les mots de *Mer des Druides ;* à droite sont les havres et le village maritime du même nom, les hauteurs, le clocher et les vertes campagnes de *Pleudihen*.

Un peu plus loin, à gauche, voici les charmants ombrages du *Chêne-Vert* et sa *grotte des fées ;* — sur les hauteurs voisines, le clocher, le château, les bois, les vergers et les champs fertiles de la riche commune de *Plouër*.

La liquide plaine de Mordreuc se termine, d'un côté, par le port *Saint-Hubert*, en Plouër; — de l'autre, par le port *Saint-Jean*.

La coquette villa décorée de volets verts que voici sur un socle de granit, comme dans une robe de moire grise, est connue sous l'ambitieuse dénomination de *Petit-Gibraltar*. De sa plate-forme élégante, l'œil embrasse un paysage fort intéressant.

Tout près, sur la même rive, est l'agréable domaine de *la Roche*, avec sa tour chargée de lierre se mirant dans les eaux. C'est une des résidences antiques de ces bords charmants, rappelant le château huit ou dix fois séculaire de *la Roche-aux-Anes*, qui, avec celui de Châteauneuf, commandait la Rance.

La microscopique chapelle de *la Souhaitié*, que vous apercevez à peine au bord du rivage, s'ouvre le 15 août à la dévotion des pèlerins de la contrée.

Sous *Langrolay*, à gauche, voici *Rigourdenne*, célèbre par ses ânes voleurs, qui traversaient la Rance, alors petit ruisseau, pour dévaster le potager et manger les choux du bon saint Suliac, en punition de quoi, dit une légende rapportée par l'abbé Manet dans son *Histoire de la Petite-Bretagne*, et comme exemple, le religieux propriétaire, perdant patience, tourna la tête des malheureux baudets du côté de la queue.

Le troisième lac que nous traversons est *la plaine de Saint-Suliac*, laquelle a pour principale décoration, comme vous pouvez le voir, une rude succession de rochers : c'est, d'un côté, l'énorme *Garrot*, ayant pour pendant, à gauche, le rude *Grouin*.

En revanche, un peu plus loin, nos regards se reposeront sur les riants bocages de *la Ville-aux-Oiseaux*.

A droite, au bord des ondes tranquilles, voici, au milieu du bourg grisâtre, la curieuse *église de Saint-Suliac*, un de nos plus jolis temples rustiques, avec ses colonnes en faisceaux, sa belle rosace, sa vénérable tour du treizième siècle.

Vis-à-vis, *le Néris* cache sous les flots ses sablonneux écueils, où la jeunesse dinannaise venait autrefois, aux marées équinoxiales, chercher les plaisirs de la pêche et de la danse. On voyait alors des barques chargées de musiciens et de groupes chantants aborder au *Néris*, changé momentanément en île assez joyeuse pour tenter plus d'un Robinson.

A gauche de la plaine, voici le hameau du *Minihic* ; puis le moulin de *Trompe-Souris*, ainsi nommé, sans doute, parce qu'on y trouve peu de farine.

L'épaisse langue de terre qui s'avance de Saint-Suliac sur la Rance est la pointe du *Frigolay*, près de laquelle les roches à fleur d'eau de *la Houle*, de *la Chaudière* et du *Chaudron* montrent leurs têtes noirâtres. Viennent ensuite, à droite, la pointe du *Bec-du-Puits* ; à gauche, celle du *Thon*.

Sur le roc isolé que vous apercevez un

peu plus loin, au milieu du fleuve, et que l'on nomme encore aujourd'ui *l'Ile au Moine* ou *l'Ile Notre-Dame*, un bon ermite allumait jadis de grands feux durant les nuits sombres, pour avertir le navigateur des dangers de ce passage.

La petite *Tour des Zèbres*, dont le pied plonge au fond des eaux, indique aussi dans les mêmes parages un péril contre lequel le nautonnier doit se garer.

Dans l'anse de *la Landriais*, non loin de la pointe des *Douaniers*, à gauche, on construit des navires pour les voyages de Terre-Neuve.

L'île *Chevrel* surgit tout près, du fond de l'anse de *Quellemer*, pays des belles prunes. Quand ce fruit est abondant, les jeunes filles de Quellemer portent, dit-on, de la dentelle jusqu'au bas de leurs jupons, comme les grandes dames ; quand il y a disette , elles vont en cotillons courts, pieds nus, et n'en sont pas moins jolies, affirment les matelots qui s'y connaissent.

Après *le Val-Riou*, qui fait face à l'île *Chevrel*, voici *Jouvente* ou *Jouvence*, dont les eaux, plus merveilleuses que celles de Lob, avaient, au temps des fées, la vertu de rajeunir les gens. Hélas ! pourquoi ne l'ont-elles plus ! Quelles processions de pèlerines et pèlerins fervents nous verrions défiler ici ! — Lors de ses débuts littéraires, le célèbre romancier Paul Féval, notre compatriote, choisit *Jouvente* pour théâtre d'une nouvelle fort dramatique, publiée sous le titre de *Jouvente de la Tour.*

A droite, en regard de *Jouvente*, est la maison dite de *l'Egorgerie.* Au commencement de ce siècle, une famille entière fut assassinée en une nuit sous ce toit isolé, devenu la demeure d'un garde maritime.

La propriété qui décore le versant de la colline, à gauche, est le beau domaine de *Mont-Marin,* près de la pointe de *Cancaval.* Là, comme on le fait encore dans l'anse voisine, dite de *la Richardais,* on construisait naguère des navires d'un fort tonnage.

Au-dessus des anses de *Troctin,* de *la Brebis,* de l'île *Chalubert* et des rochers de *Bizeux,* qui passent sous nos regards, scintillent dans le paysage, à droite, les magnifiques campagnes de *la Brillantais ;* — de *la Haute-Flourie,* ancienne résidence de Duguay-Trouïn ; — de *la Basse-Flourie,* maison de plaisance de feu M. l'amiral

Bouvet ; — du *Vau-Garni*, de *la Corbière*, etc. — « Ces habitations, » écrivait Chateaubriand dans ses *Mémoires*, « ont été construites dans un temps où les négociants de Saint-Malo étaient si riches que, dans leurs jours de goguette, ils fricassaient des piastres et les jetaient toutes bouillantes au peuple par les fenêtres... » On a renoncé à ces fricassées-là.

Maintenant, l'horizon s'élargit : à gauche, voici la pointe de *la Vicomté* ; *Dinard*, en regard de la rade et des îlots malouins ; à droite, la tour *Solidor* et le fort de *la Cité* ; *Saint-Servan* (l'antique *Aleth*), assise entre la terre féconde et la mer immense.

Enfin, voici *Saint-Malo*, la ville des hommes illustres, des corsaires intrépides, dans son enceinte de remparts, avec son vaste bassin à flot, et ses 10,000 habitants groupés autour du rocher d'Aaron comme un essaim d'abeilles industrieuses dans les alvéoles d'une gigantesque ruche.

L'île du *Grand-Bey*, que nous apercevons à gauche, près de la ville, porte à sa pointe nord la tombe de l'immortel auteur du *Génie du Christianisme*.

Salut ! nobles cités, sœurs glorieuses

qui vîtes naître Duguay-Trouïn et Jacques
Cartier, Robert Surcouf et l'amiral Bouvet,
Maupertuis et Trublet, Porcon de La Bar-
binais et André Désilles, Chateaubriand,
La Mennais, Tréhouart, Protet, et tant
d'autres grands citoyens dont la France
garde les noms dans les annales de la
vaillance, du génie, de la science, du
patriotisme ; salut !...

*Le Guide du Baigneur et du Touriste à
Saint-Malo et Saint-Servan*, écrit à votre
intention, comme *le Guide du Voyageur à
Dinan*, vous fera connaître l'histoire de ces
rivages ; il vous indiquera les ruines, les
monuments, les sites à visiter dans les
riches campagnes malouines, servannaises
et doloises. Nous avons tâché d'y réunir
tous les faits curieux du passé, en consta-
tant l'état actuel de cette région. Nous
recommandons ce petit livre à votre bien-
veillance, à votre indulgence. Puisse-t-il
vous faire aimer comme nous l'aimons ce
beau pays des grandes illustrations bretonnes !

TABLE.

EXCURSIONS DANS LES CAMPAGNES DE
L'ARRONDISSEMENT DE DINAN.

Dinan : J. BAZOUGE, imprimeur-éditeur.

IMPRIMERIE-LIBRAIRIE-PAPETERIE

BAZOUGE,

Rue de l'Horloge, 5, à Dinan.

———

On exécute dans cet établissement toutes espèces de travaux typographiques : Livres, Recueils, Mémoires, Affiches, Circulaires, Factures, Prix-Courants, Lettres de faire-part, Registres, Entêtes de lettres, Cartes d'adresses, Cartes de visites, lithographiées et autres, etc., etc.

VUES DE DINAN photographiées et lithographiées, dans divers formats.

Beau Choix d'OUVRAGES HISTORIQUES SUR LA BRETAGNE.

Livres illustrés des premiers éditeurs.

Choix des meilleurs auteurs classiques.

Livres de Morale et d'Education.

Livres et Albums illustrés pour les enfants.

PAPIERS et Enveloppes de Lettres, de luxe et de fantaisie ; papiers très légers pour l'étranger ; papiers vergés, glacés et ordinaires.

Albums, papiers et crayons pour le dessin.

Cartes des Côtes-du-Nord, de la Bretagne, de France, etc.

Guides pour diverses contrées.

Abonnement aux journaux de Paris.

———————

Mme BAZOUGE se charge de faire venir, aux prix des catalogues, et sans aucun frais, tous les Ouvrages que l'on désire.

PHARMACIENS.

M. Jacquolot, Grande-Voirie.
M. Pellion, place de l'Apport.
M. Postel, rue de l'Horloge.
M. N***, place des Cordeliers.
M. Desmarts, place du Marchix.

BANQUIERS.

M. Bazin de Jessey, rue de l'Horloge.
M. Henri Bazin, rue de l'Ecole.
M. Paul Robert, place du Champ.

CERCLES.

Cercle de Lecture de Dinan, place Du Guesclin.
Cercle Catholique d'Ouvriers, rue Beaumanoir.
Cercle Anglais, place Du Guesclin.

PRINCIPAUX HOTELS.

Hôtel de Bretagne, place Duclos-Pinot, près de la
porte de Brest, tenu par M. Doré.
Hôtel du Commerce, place Du Guesclin, tenu par
M. Le Guillou.
Hôtel de la Poste, place Du Guesclin, tenu par
Mme Le Guillou.
Hôtel des Voyageurs, près de la porte St-Louis,
tenu par Mmes Hamon et Fablet.

RESTAURANT.

M. Monin, à l'ancien hôtel Du Guesclin, près de la
place Du Guesclin.

PATISSIERS-CONFISEURS.

M. Barth-Olgiati, rue de la Poissonnerie.

M. Taffatz, place de l'Apport.

M. Maquet, place des Cordeliers.

M. Leroux, place Du Guesclin.

HORTICULTEURS.

M. Dupas, quartier des Rouairies.

M. Rault, rue Sainte-Claire.

M. Rochereuil (ancienne maison Deniaux), route Neuve de Brest.

BAINS CHAUDS.

Etablissement près des Petits-Fossés.

TAMBOUR DE VILLE ET AFFICHEUR.

M. Bittebois, rue Sainte-Claire.

RENSEIGNEMENTS UTILES.

SERVICE A VAPEUR DE DINAN A SAINT-MALO

par le Steamer ILLE-ET-RANCE ,

cap. VILLANDRE.

Prix des Places : { Premières. . . 2 fr. 50
{ Secondes. . . . . 2 . . . »

Aller et retour : { Premières. . . 4 . »
{ Secondes. . . . . 3 . »

On peut connaître les heures de départ à la librai-
rie BAZOUGE, à Dinan, rue de l'Horloge, et dans
divers autres quartiers de la ville.

VOITURES PUBLIQUES.

De Dinan à Saint-Malo (par Dinard).

Départ à 6 h. 15 m. du matin, bureau rue Ste-Claire.
— à 6 h. 1/2 — hôtel du Commerce.
— à 8 h. — idem.
— à 2 h. de l'après-midi, idem.
Retour à Dinan à 2 et 7 heures du soir.

De Dinan à Saint-Malo (par Châteauneuf).

Départ à 3 h. de l'après-midi, hôtel de Bretagne.
Retour à Dinan le lendemain, à 11 h. du matin.

De Dinan à Caulnes.

Départ à 9 h. du matin, de la place Du Guesclin.
— à 10 h. 10 — hôtel de Bretagne.
— à 2 h. après midi, place Du Guesclin.
— à 4 h. — hôtel de Bretagne.

De Dinan à Plénée-Jugon.

Départs de Dinan à 9 heures du matin et à 2 heures
après midi, place Duclos-Pinot.

De Dinan à Plançoët et Matignon.

Départ de Dinan à 7 heures du matin.
Retour le même jour.

BATEAUX DE PLAISANCE.

MM. Ruellot, place de l'Apport; Chesnais, au Pont.

POSTES ET TÉLÉGRAPHES.

Rue du Château.

DOCTEURS-MÉDECINS.
MM.

D' Gaillard (✳), place Du Guesclin.
D' Pringué (✳), rue de l'Horloge.
D' Barbé, route Neuve de Brest.
D' Piedvache, rue de l'Ecole.
D' Martin (✳), promenade de la Duchesse-Anne.
D' Toslivint, rue du Château.
D' Ramard, place Du Guesclin.
D' Bréhier, rue de la Lainerie.
D' Delon, rue de la Mittrie.

TABLEAU DES DISTANCES

de Dinan

AUX COMMUNES LES PLUS INTÉRESSANTES A VISITER

dans cet arrondissement.

Communes.	Kilomètres.
De Dinan à Lanvallay	2
— à Léhon	1
— à Saint-Hélen	8
— à Plouër	11
— à Saint-Samson	6
— à Taden	4
— à BROONS	26
— à Lanrelas	36
— à Mégrit	20
— à Sévignac	33
— à EVRAN	11
— à Le Quiou	11
— à Plouasne	22
— à Saint-Juvat	12
— à Tréfumel	15
— à JUGON	22
— à Plédéliac	29
— à Plénée-Jugon	31